ZERO
WASTE

즐겁게 시작하는 제로웨이스트 라이프

세상에
무해한 사람이
되고 싶어

허유정 에세이

텀블러, 손수건, 에코백.
늘 외출할 때 들고 다니는 아이템들.

#PLASTIC_FREE_TUESDAY
화요일만이라도 플라스틱을 줄여보자고 나 혼자 하는 캠페인.
뉴질랜드에서 사온 버터 블럭은 바디 크림을 대체해줍니다.
성분도 유기농이고 에센스 오일이 듬뿍 담겨 촉촉해요.

플라스틱을 줄여보자고 마음먹고
가장 먼저 칫솔부터 바꿨어요.
입안에 나무와 민트향을 머금은 느낌, 꽤 괜찮습니다.

일회용 행주를 끊게 해준 소창 행주.
쓰면 쓸수록 부드러워지는
소창만의 매력이 있습니다.

머리가 푸석거려 쓰게 된 다시마 린스바.
향도 좋고 보호제를 바른 듯 부드러워
추천하고 싶을 만큼 만족스러운 제품입니다.

집 앞에서 장이 열리면 비닐 없이 장을 봅니다.
사이즈가 넉넉해서 좋은
천 주머니를 사용하고 있어요.

맨손 설거지를 주로 즐겨 하는데,
설거지용 천연 비누를 쏜답니다.
기름때도 뽀득뽀득 잘 씻기고,
시트러스 향도 좋은 편이에요.

잔으로 써도 예쁜 올리브병.
독일의 한 제로웨이스트 카페에서
잼병을 물잔으로 쓰던 걸 응용해봤어요.
혹시 냄새가 남아 있다면 베이킹소다로 세척하면 좋아요.

우체국 가는 길,
집에 있는 뽁뽁이를 정리해 가져다 드렸는데
너무 반갑게 받아주셔서 뿌듯하더라구요.

prologue

쟤도 하는데, 나도 해볼까?

2년 전 독일 함부르크 여행을 계기로 우연히 '쓰레기 없는 삶'에 관심을 두게 됐다. 그날 이후 내 블로그와 인스타그램에는 쓰레기를 줄이기 위해 노력하는 일상이 자주 업로드됐다. 나를 SNS로 알게 된 사람들은 종종 묻기도 한다. '혹시 환경운동가이신가요?'

이 질문에 대한 나의 대답은 망설임 없이 '아니다'. 텀블러를 챙기려고는 하지만 잊고 나갈 때도 많고, 친환경 제품을 찾지만 온라인 쇼핑의 편리함은 여전히 포기하지 못했다. 굳이 이름을 붙이자면 '소심한 환경쟁이' 정도랄까. 쓰레기를 만들지 않으려 애는 쓰지만, 여전히 실수도 많고 유혹에 흔들리는 평범한 사람일 뿐이다.

사람들은 궁금해한다. 왜 그렇게 열심히 쓰레기를 줄이려 하냐고. 그게 무슨 도움이 되냐고. 그 질문에 나도 곰곰이 생각해봤다. 지구력 약한 거로 둘째가라면 서러운 내가, 어떻게 이 일을 오래 하고 있는 건지. 누가 칭찬해주는 것도 아니고, 나라에서 마일리지를 쌓아주는 것도 아닌데 말이다.

질문을 받고 생각해보니 나는 이렇게 답하고 싶어졌다. '세상에 해가 되지 않는 건, 결국 나에게도 무해한 일'이었다고. 자연에 가까운 선택을 할수록 내 몸은 건강해졌고, 쓰레기를 줄일수록 일상이 좀더 나은 삶으로 나아가고 있다는 걸 느꼈다.

비닐과 플라스틱에 포장되지 않은 음식을 고르며, 서서히 독소가 빠지듯 조금씩 몸은 건강해졌다. 플라스틱이 아닌 자연 소재가 많아지며, 집 안 분위기는 더 따뜻하고 편안해졌고. 쓸데없는 물건이 줄어들며 내 곁에는 내가 정말 좋아하는 걸 채울 수 있는 공간과 여유가 생겼다.

하지만 환경에 대한 책을 쓴다는 건 쉽지 않았다.

'환경운동가도 아닌 내가 책을?'

'그냥 평범한 주부인 내가 책을?'

글을 쓴다 생각하니 어디선가 이런 목소리가 들리는 듯했다.

"너 어제도 배달 시켜 먹었지?"

"휴지 막 쓰는 거 다 봤거든?"

겁도 많지만 자기 긍정도 빠른 사람이 바로 나. 아직 들리지도 않는 온갖 악한 소리에 마음을 쓰다, 며칠 뒤 스스로 이런 결론을 냈다.

"근데 뭐, 나같이 만만한 애도 필요하잖아."

지난날 내가 환경에 관심을 두지 못한 가장 큰 이유는 그저 나와는 먼 일 같아서였다. 몇 년 전만 해도 '환경보호'란 내게 그런 일이었다. 어느 단체에 소속된 누군가가 하는 일, 거리에서도 목소리를 높일 수 있는 대단한 사람의 일, 쓰레기 하나 허투루 만들지 않는 완벽한 사람들의 일, 그런 일 말이다.

그때를 떠올리니 말해보고 싶었다. 환경을 위한다는 건 특별한 사람들만의 일은 아니라고. 나처럼 평범한 사람도 즐기고 배우며, 때로는 실수도 하며 할 수 있는 일이라고. 거리로 나가 피켓을 든 적은 없지만, 그 대신 나는 텀블러를 들고 집을 나선다. 어느 단체에 소속되어 있진 않지만, 나에게는 서로의 '쓰레기 줄이기'를 응원하는 SNS 친구들이 있다. 진지할 때도 있지만 대부분 '쓰레기를 줄이는 미션'을 수행하는 것처럼 유쾌한 쓰레기 없는 일상. 거창한 무언가는 아니지만, 핸드워시 대신 비누를 쓰고, 플라스틱 칫솔 대신 나무 칫솔을 쓰며 나는 나만의 방식으로 지구를 지키고 있다.

이 책에는 내가 SNS를 통해 공유해왔던 쓰레기를 줄이며 겪은 이야기와 환경을 위한 팁이 쓰여 있다. 쓰레기 없이 장보기, 쓰레기 없이 커피 즐기기 같은 생활 속에서 쉽게 할 수 있는 실천을 담았다. 책과 인터넷을 보고 시도해본 것 중, 게으른 나도 꾸준히 하는 것들을 주로 소개했다. 요리책으로 비유하자면 전문 요리사의 화려한 책보단 평범한 주부가 쓴 소소한 레시피 노트에 가깝다. 그러니 정답이 아니다. 쓰레기를 만든 날은 '쓰레기를 만들었다.' 솔직히 말했고, 아직 해결하지 못한 쓰레기가 여전히 많다는 것도 이곳에 털어놓았다.

이런 나를 보고 '쟤도 하는데 나도 해볼까?' 가볍게 마음을 먹어줬으면. 가랑비에 옷 젖듯, 완벽하지 않은 나 같은 소심한 환경쟁이도 10명, 100명, 1000명이 모이면 어벤져스 영웅 한 명의 힘이 생기지 않을까? 이 책에서만큼은 나는 더 만만해지고, 더 유쾌해지고 싶다. 환경 하면 떠오르는 '엄근진'이란 이미지는 잠시 잊고, 더 많은 사람이 쓰레기 없는 일상에 가까워지도록.

이 책을 통한 내 꿈은 하나다. '쟤도 하는데, 나도 해볼까?'의 만만한 '쟤'가 되는 것. 책을 읽고 지금 당장 쓰레기를 줄여보고 싶어 엉덩이가 들썩거린다면 바랄 게 없다. 대단한 결심도 필요하지 않다. '이제 나무 칫솔을 써볼까?' 하는, 딱 이 정도의 관심이면 충분하다. 이 책이 가벼운 시작을 만들어주게 된다면 참 좋겠다.

따뜻한 봄날에
허유정

CONTENTS

prologue
재도 하는데, 나도 해볼까? 15

01
잘 살고 싶어 시작한 일

내일이 없는 엽기 떡볶이녀 24
나 좋자고 시작한, 플라스틱 줄이기 30
나도 '제로웨이스트' 해보고 싶어요 36
자취생의 쓰레기 줄이기 48
지금 북극곰만 걱정할 때가 아니다 54
할 수 있는 만큼, 즐겁게 62
시작하는 이들을 위한 2가지 팁 68
쓰레기 없는 결혼식을 꿈꿨지만 79
비닐 씨, 우리 이제 진짜 헤어져 85

02
쓰레기 없는 살림

부엌

제로웨이스트 고수는 엄마 92
제1원칙, 얄궂은 거 사지 않기 98
맨손 설거지의 손맛 102
쫄보의 비닐 없이 장보기 109
게으른 주부의 지퍼백 안 쓰는 법 115
오늘 밤, 행주를 삶는다는 건 122
쓸수록 '내'가 좋아지는 살림, 스텐팬 127

욕실
정수리가 쎈 여자의 샴푸바 찾기 133
그날을 바꿔준 면 생리대 예찬 140
욕실에는 비누 '네 마리' 146

거실 & 옷방
오래오래 커피를 즐기는 방법 152
광장시장 데프콘을 꿈꾸며 158
나는 보자기 도둑 166

청소 & 세탁
수학의 정석 말고 분리수거의 정석 171
음식물 쓰레기와 동충하초 대첩 177
통통 양모 볼 소리 185

03
쓰레기 없는 바깥 생활

종이컵에 이름을 쓰는 멋 192
쓰레기를 줄이는 여행 짐 싸기 198
여행에서 발견하는 새로운 취향 205
달력 속 동그라미, 마르쉐 채소시장 210
다 소용없는 일이라고 216

epilogue
모두를 위한 작은 변화 221

미래를 위해 기꺼이
불편함을 선택하는 사람들.
이 사람들의 세계에는
따뜻한 선의가 가득해 보였다.

1

잘 살고 싶어
시작한 일

내일이 없는
엽기 떡볶이녀

지금 생각하면 그리 좋은 일은 아닌 것 같지만, 비교적 빠른 24살에 취직했다. 빨리 돈을 벌고 싶다는 생각에 바시런히 구직했고, 졸업 전 운 좋게 들어간 첫 직장은 백화점이었다.

첫 직무는 백화점에 입점한 '해외 브랜드'를 관리하는 일. 백화점 1, 2층 소위 말하는 명품 브랜드의 영업 관리자 중 한 명이 됐다. 백화점 1층을 들어서면 괜히 어색해져 어정쩡하게 걷던 사람이 바로 나. 식품관이 그나마 편한 사람을, 회사는 그런 파트로 보낸 거다. 이렇게 얼떨결에 나의 첫 커리어는 시작됐다.

입사보다 더 좋았던 건 바로 서울에서의 자취 생활. 24년간 대구를 떠나본 적 없는 나를 회사는 서울의 한 백화점으로 보냈다. 혼자 살아보는 게 꿈이었는데, 게다가 서울 생활이라니. 강남의 거리 간판을 찍는 외국인의 마음을 나는 잘 안다. 서울 생활 초창기, 한강도 아니고 한강과 이어진 작은 천에서도 나도 몇 번이나 카메라를 꺼냈으니까. 그 당시 대구 집에서는 버스를 타고 30분은 가야 했던 스타벅스가, 서울 자취방에서는 도보 10분 거리였다.

"야, 여기가 시애틀이다. 시애틀."

고향 친구들에게 너스레를 떨면, 내 친구들은 진지하게 답했다.

"스타벅스가 집 앞이라고? 맞나? 좋네!"

대구 사람들은 퀴즈를 낸 것도 아닌데, '맞나? 맞나?' 되묻는 버릇이 있다.

자취 초기에는 요리도 하며 꽤 잘 챙겨 먹었다. 퇴근길에 와인을 사 와 마늘을 듬뿍 넣고 파스타도 했고, 예쁘게 계란 프라이를 올려 김치볶음밥도 자주 했다. 하지만 생각보다 얼마 가지 못한 요리 의지. 시트콤 〈논스톱〉 같은 대학 생활은 없듯, 회사 생활도 마찬가지였다. 직접 마주한 회사 생활은 드라마 〈미생〉보다 좀 더 날것이었고 거칠었다. 물론 회사에는 임시완과 강소라도 없었다. 휴식 의지는 요리 의지를 그렇게 가볍게 꺾어버렸다.

일 특성상 매장 직원, 고객, 상사 등 하루에도 수십 명의 사람과 통화하고 대화한다. 백화점 입사 후 정확하게 알게 된 '기가 빨린다'라는 말. 수십 통의 전화를 받을 때마다 말하는 입을 통해 기운이 새어 나가는 느낌이었다. 바람 한 줄기 안 통하는 백화점에서는 쇼핑만 해도 금방 지치고 머리가 아프다. 이런 공간에서 일하면 피곤함은 곱절. 오후 2시가 넘으면 컨실러로 가린 다크서클이 화장을 뚫고 올라왔다. "아이고, 허 주임 죽네 죽어." 피곤한 내 얼굴을 보며 걱정해줬던 매장 이모들. 정 많은 그분들은 내가 지나갈 때마다 과일이나 사탕을 입에 넣어줬다.

당시 퇴근은 대부분 8시 이후. 퇴근 시간은 폐점 시간에 맞춰 8시이지만 마무리를 하다 보면 금방 9시가 된다. 직장과 집이 꽤 가까운 편이었지만, 집에 도착하면 내게 남은 하루는 고작 두어 시간. 프라이팬을 꺼내는 상상만 해도 지쳐, 배가 고파도 요리는 할 수 없었다. 그럴 때 가장 좋은 건 편의점이다. 물만 붓거나 전자레인지를 돌리면 금방 완성되는 편의점 음식. 퇴근길을 걷는 내 손에는 '컵라면, 삼각김밥, 그리고 500mL 맥주 한 캔'이 항상 있었다.

입사 후 6개월이 넘어가니, 쉬는 날도 대부분 배달 음식으로 해결했다. 그중 가장 좋아했던 건 엽기 떡볶이. 큰 플라스틱 통에 담겨 오는 뜨겁고 매운 떡볶이를 회사와 집 상관없이 일주일에 한 번은 꼭 먹었다. 떡볶이는 단순한 음식이 아니라, 유일한 나의 스트레스 해소법. 동료들은 이 떡볶이가 먹고 싶으면 나를 찾곤 했다.

입술 주변이 따갑도록 매운 떡볶이를 먹으면, 그 순간만큼은 어떤 잡생각도 떠오르지 않는다. 홀린 듯이 한 입 두 입 먹다 보면 속이 살살 뜨거워지는데, 이때 차가운 맥주를 크게 한 모금 마셔 식혀줘야 제맛. 손이 시릴 만큼 차가운 맥주가 들어가면 뜨거워진 속과 마음은 단박에 시원해진다. 맵기와 함께 열이 올라오고, 점점 맺히는 이마 위 땀방울들. 겨울에 창문을 열고 먹으면, 노천탕에 앉은 듯 몸은 뜨겁고 얼굴은 차다. 한바탕 매운 떡볶이로 땀을 빼면, 사우나에 다녀온 듯 온몸이 나른하다. '몸이 풀린다'는 어른들의 표현을 나는 엽기 떡볶이로 알았다.

직장인이 되고 아빠가 왜 가족의 잔소리를 들어가며 술을 마셨는지도 알게 됐다. 놀 시간이 없는 직장인에게 '술'은 단시간에 기분이 좋아지는 효율적인 놀이. 입사 후 1년 동안은 퇴근 후 대부분 친구를 만났다. 그냥 일만 하다 하루가 끝나는 게 아쉬웠고, 쳇바퀴 같은 일상 속 자극이 필요하기도 했다.

술자리가 없는 날엔 혼자 맥주를 마셨다. 그때마다 안주는 컵라면. 그나마 좀더 건강해 보이는 종이 용기는 뭔가 맛이 없게 느껴졌다. 내가 좋아하는 컵라면은 스티로폼 안에 담긴 가는 면발의 라면. 육개장, 김치 맛이 나는 그 라면을 특히 좋아했다. 얼큰한 컵라면과 함께 마시는 맥주. 한 캔 두 캔 마시다 보면 금세 기분이 좋아진다. 하지만 그 기분은 그때뿐. 더부룩한 속으로 아침을 맞이하면 항상 어제를 후회했다.

어느 날 늦게까지 야근한 친한 언니가 집에 놀러 왔다. 그날도 어김없이 먹고 있던 엽기 떡볶이. 덜어 먹는 것도 귀찮아 뜨거운 떡볶이를 플라스틱 통째로 두고 먹고 있었다.
"유정아, 그릇에 덜어서 먹어."
집에 자주 왔던 언니는 익숙하게 그릇을 찾아 옆에서 음식을 덜어줬다.
"아, 속 아파, 속 아파! 언니는 천천히 먹어요."
속이 아플 만큼 매워 경고하면서도, 부지런히 떡볶이로 향했던 내 젓가락. 차가운 맥주와 뜨거운 떡볶이를 번갈아 먹으면 위가 어느 장단에 춤출지 몰라 움찔거리는 게 느껴진다. 무엇이 들어갔는지 모를 매운 떡볶이를 먹고, 벌컥벌컥 맥주를 들이켜는 나를 보고 언니는 말했다.
"야, 너 내일이 없는 애 같아. 몸 금방 상해. 건강 챙겨."
"네, 알겠어요."
대답은 했지만, 사실 그때는 귀담아듣지 않았다. 30대 선배가 20대 후배에게 의례적으로 하는 말 정도로 받아들였다. 무엇보다 그때는 아픈 내 모습을 상상하지 못했다. 밤새 영화를 보다 출근해도 곧잘 일했고, 가벼운 감기조차 걸리지 않았던

나. 쉬는 날도 밖으로 나가는 나를 보며 동료들 사이에선 강골이라 불렸다.

하지만 내일이 없는 듯 사는 엽기 떡볶이녀도 사람이었다. 내 몸도 상한다는 걸 알기까지 그리 오랜 시간이 걸리지 않았다.

나 좋자고 시작한,
플라스틱 줄이기

"사랑하는 이웃과 아이들을 위해, 플라스틱 문제에 눈을 떴어요." 같은 멋진 대답으로 시작하면 좋겠지만, 사실 처음 플라스틱을 줄이게 된 건 집을 잃어가는 북극곰도, 아이들 때문도 아니었다. 솔직히 말하면 내 건강을 위해, 나 살자고 시작한 일이다.

직장 생활 만 3년째 되던 해, 그해 나는 많이 아팠다. 어느 날 갑자기 일어나면 개운하지 않았고, 팔다리에 추가 달린 듯 무거웠다. 초여름에도 으슬으슬 느껴졌던 추위. 그땐 5월까지 니트 카디건을 입고 다녔다. 조금만 움직여도 피곤했고, 사무실 모니터만 보면 머리가 멍해졌다. 몰래 사무실을 나가 백화점 계단에 쪼그려 앉아봐도 컨디션이 쉽게 회복되지 않았다. 나에게 내일이 없는 사람 같다, 건강을 챙기라 했던 언니의 조언은 금방 현실로 다가왔다.

특히 생리통이 전보다 더 심해졌다. 예전에도 생리통은 있었지만, 아파도 생활이 가능한 정도였다. 일을 시작하고는 휴가를 써야 할 만큼 통증이 심해졌다. 부득이하게 일이 생겨 회사를 가면, 몸이 펴지지 않을 만큼 아파 구부정한 자세로 몇 번이나 휴게실을 다녀와야 했다. 약으로도 쉽게 가라앉지 않았던 통증. 생리 시작 전부터 진통제 몇 알을 털어 넣고, 온종일 누워 찜질해야 겨우 별일 없이 지나가는 정도였다.

몸의 이상을 제대로 느낀 건, 가슴에 혹이 잡힌 날이었다. 어느 날 퇴근 후 자려고 누웠는데 가슴 쪽이 불편했다. 천장을 보고 똑바로 누우니, 살짝 아파오는 왼쪽 젖가슴. 아픈 곳에 손을 대보니 메추리알 정도 크기의 멍울이 만져졌다. 분명히 이전까지 혹은 없었는데. 경험해본 사람은 알겠지만, 그런 날은 쉽게 잠들 수 없다. 원래도 겁이 많아 별명이 개복치인데, 이런 내게 혹이라니. 가슴에 생긴 메추리알은 겁 많은 개복치의 온갖 상상을 불러일으켰다.

밤을 지새우고 다음 날 병원에 갔다. 초음파로 보니 1년 전보다 훨씬 많아진 가슴 속 혹들. 손에 잡히는 건 사이즈가 커서 조직검사를 했고, 결과는 일주일 뒤에 나온다고 했다.

'암이면 돈이 얼마나 들까?' '우리 엄마는 쓰러지겠지?' 일주일간 수십 편의 드라마를 쓰던 메추리알은 다행히 그냥 일반적인 혹이었다. 물을 빼는 간단한 시술로 허무하게 사라져버렸던 메추리알. 의사는 1년 새 염증이 많이 생겼다며, 요즘 스트레스받는 일이 많은지 내게 물었다. 그때는 몰랐지만 지금 생각하면 그게 '번아웃 증후군'이 아니었을까 싶다. 검사 결과를 듣고 돌아온 날, 일주일간의 긴장이 풀리며 몸살이 올 것 같았다.

생리통도 가슴 속 혹도 모두 여성병. 병원에 다녀온 뒤, 나는 고등학교 때 본 다큐멘터리 하나가 계속 생각났다. 다큐멘터리 제목은 '환경호르몬의 역습'. 환경호르몬이 여성들의 건강, 특히 자궁에 미치는 영향을 담은 내용이었다.

방송에서는 생리통이 심한 학생들이 나왔다. 한 여학생은 진통제를 여러 알 먹어도 통증이 가라앉지 않았고, 심지어 손톱으로 벽을 긁어가며 고통을 참을 만큼 그 정도가 심했다. 학생들은 방송에 참여하며 집에 있는 음식 용기를 모두 유리로 교체했고, 아마 공기 좋은 곳으로 이사도 갔던 것 같다. 그러고 나서 점차 나아진 생리통. 당시 주변 엄마들이 반찬통을 싹 다 새로 살 만큼, 작은 이슈였던 다큐멘터리다.

몸이 약해진 건 스트레스가 가장 크겠지만, '혹시 환경호르몬의 영향도 있지 않을까?' 하는 생각이 들었다. 그때 서서히 카메라 초점이 잡히듯 내 눈에 들어온 우리 집 풍경. 싱크대 위에는 빈 햇반 그릇과 삼각김밥 비닐이 널려 있고, 현관에는 배달 음식 용기가 쌓여 통로를 막고 있었다. 집 안 곳곳에는 설거지가 귀찮아 꺼낸 일회용 컵과 젓가락이 눈에 띄었다.

취업 후 3년 동안, 나는 예쁜 그릇 하나 꺼내지 않고 플라스틱에 담긴 음식을 먹었다. 밥솥이 있었지만 장식용일 뿐, 밥은 주로 햇반을 사 먹었고, 떡볶이와 찜닭 등 자주 먹는 배달 음식 모두 플라스틱 통에 담겨 왔다. 컵 씻는 게 귀찮아 회사에서도 항상 일회용 컵을 썼다. 물, 커피를 마시면 하루 4잔은 그냥 써 버리는 일회용 컵. 일회용 잔에 뜨거운 물을 마시면 뭔가 알싸한 약품 냄새가 올라오는 듯 찝찝했지만, 텀블러나 머그잔을 생각해본 적은 없었다. 카페에서도 주로 테이크아웃 잔을 이용했다. 카페에 앉으면 언제 회사 콜이 올지 몰랐고, 부끄럽지만 그때는 머그잔이 그리 무거웠다. 몸과 마음에 힘이 빠지니 모든 게 귀찮아 잔마저 가벼운 걸 찾았던 그때. 날 위해 머그잔 하나 들 의지도 없이, 일과 시간에 쫓겨 살던 시절이다.

약식동원藥食同源. 약과 음식의 근원은 같다는데 그동안의 식습관을 보면 몸이 아픈 이유는 분명했다. 건강한 음식을 먹는 일도 드문데, 종종 먹는 음식마저 플라스틱에 담아 먹다니. 사람은 아파야 그제야 뒤를 돌아본다. 자취 3년간 내 몸에 들어

온 독소가, 지난 20년간의 독소보다 훨씬 많을 것 같다는 생각이 그때 들었다.

가슴에 생긴 메추리알은 내 일상에 크고 작은 변화를 만들었다. 우선 나를 위해 예쁜 그릇과 수저를 샀다. 좋아해야 자주 쓸 것 같아 엄마가 준 그릇들은 잠시 넣어 두고, 내 취향에 맞는 그릇을 샀다. 코팅 벗겨진 프라이팬도 버리고 요리하기 좋은 큰 팬도 들였다. 볶음밥과 찌개 등 간단한 요리를 하기 시작했고, 편의점 음식은 되도록 먹지 않으려 노력했다. 피곤함과 귀찮음을 무릅쓰고 조금씩 움직이기 시작한 것이다.

휴일 아침이면 침대에 누워 꼭 한 번은 켰던 배달 앱. 병원에 다녀온 후에도 배달 음식을 끊을 순 없었지만, 1주일에 한 번, 2주에 한 번 점차 그 횟수를 줄여나갔다. 플라스틱 그릇을 쓰지 않고 배달 음식을 줄였다고 한번에 드라마틱한 변화가 찾아온 건 아니다. 분명한 건 그릇에 담아 먹을 때 음식과 음료는 좀더 맛있고 따뜻했으며, 속이 편안하다는 거였다. 맛있지만 쉽게 배가 꺼지지 않고 속이 더부룩했던 배달 음식들. 그에 비해 집밥은 꽤 많이 먹은 날도 소화가 잘 됐고 자극적이지 않았다. 편안한 음식을 먹고 편안한 속으로 잠이 들자, 다음 날 컨디션도 점점 좋아졌다. 플라시보 효과인지 모르겠지만 생리통도 꽤 괜찮아져, 플라스틱에 음식을 먹는 일은 지금도 의식적으로 피하고 있다.

회사에서도 텀블러를 사용하기 시작했다. 아침마다 텀블러를 들고 정수기로 가면, 몇몇 상사들은 물었다.
"오, 허 주임. 요즘 환경 생각하나 봐?"
사실 내 몸을 생각해 시작하긴 했지만, 이런 시선을 받을 때면 조금 뿌듯했다.
"아… 뭐 텀블러 쓰면 좋으니까……."
말끝을 흐리긴 했지만, 부정하지는 않았다. 환경을 생각하는 사람으로 보이는 건, 제법 기분이 괜찮았다.

생각해보면 당시 제로웨이스트는 몰랐지만, 입에 닿는 플라스틱을 줄여나간 게 작은 시작이었다. 한번 아파 보니, 알게 되더라. 뭐든 자연스러운 것에서 건강함이 온다는 걸. 거창한 결심도 대단한 사건도 없었다. 처음에는 건강하게 살고 싶어, 나 좋자고 시작한 일이었다.

나도 '제로웨이스트'
해보고 싶어요

"여기, 네가 정말 좋아할 것 같아."

어느 날 여름 휴가지를 고민하는 내게 친한 선배로부터 연락이 왔다. 직장 동료로 만났지만, 먼저 퇴사해 함부르크에서 지내고 있던 선배. 선배는 일도 잘했지만, 일 외에도 따라 하고 싶은 게 많던 취향이 멋진 사람이었다. 직장 동료지만 휴일에도 만나 함께 시간을 보냈던 우리. 그만큼 잘 통했고 좋아하는 것이 비슷했다.

제로웨이스트, 문자 그대로 'zero'와 'waste'가 합쳐진 말로 쓰레기를 최소한으로 만들며 사는 라이프 스타일을 말한다. 본격적으로 '쓰레기를 줄이는 삶'에 관심을 두게 된 건, 선배의 초대로 간 독일 여행이 시작이었다. 스쳐 지나가는 여름 휴가지일

거로 생각했던 함부르크. 이 8일간의 여행이 내 일상을 바꿔놓을 줄, 그때는 전혀 알지 못했다.

함부르크에 대한 나의 첫인상은 '할 말 많은 도시'. 기차역에서 선배 집까지 걷는 동안 보이는 건물마다 여백을 찾기 힘들만큼 그라피티가 그려져 있었다. 바닥, 전봇대, 쓰레기통 등 길 곳곳에는 강한 색채의 포스터가 가득했다.

"여기 사람들은 뭐든 할 말 있으면 다 하고 사는가 봐."

당시 함께 여행을 간 남자친구, 지금의 남편에게 내가 했던 말이다. 여러 메시지가 한꺼번에 쏟아지는 함부르크 거리. 모두 다른 소리지만 그것이 또 어우러져, 특유의 자유로운 도시 분위기를 만들고 있었다.

"저기 창가에 걸어 둔 포스터 뭐예요? 갖고 싶다!"

"저거? 그린피스 현수막이야."

오기 전 선배를 통해, 유럽 도시 중 함부르크는 특히 환경에 관심이 많다는 이야기를 들었다. 짐을 풀고 나오자마자 보인 일러스트가 멋진 현수막. 사무실이 아닌 개인 공간에 그린피스 현수막을 걸다니, 이곳은 개인의 가치를 표현하는 일에 거침없어 보였다. '재개발 찬성' 'OO 설립 반대' 같은 사적 이익이 담긴 현수막이 아니라 더 신기했던 풍경. 이 도시에서 보낼 일주일이 기대되는 순간이었다.

선배는 함부르크에 온 이후, 환경 문제에 관심이 커졌다고 했다. 환경에 대해 생각해볼 수 있는 공간도 많고, 또 직접 실천하며 사는 사람들을 보니 자연스럽게 눈길이 갔다고. 나에게도 보여주고 싶은 곳이 많다고 말하는 그녀는 신기한 놀이터를 발견한 어린아이처럼 신나 보였다.

선배가 데려간 첫 번째 장소는 '제로웨이스트 샵'. 이때 '제로웨이스트'란 말을 처음 들었다. 큰 마트 한쪽에 위치한 이 샵에서는 모든 제품을 포장 없이 살 수 있다고 했다. 듣기만 했을 때는 쉽게 상상이 되지 않았다. 샵에 들어가는 순간, 선배가 말했던 모든 게 한번에 이해됐다.

입구에 들어서니 포장 없이 벌크로 담긴 곡물들이 보였다. 우리나라 쌀통 같은 디스펜서들이 한쪽 벽을 가득 채웠고, 그 안에는 콩, 밀, 그래놀라 등 다양한 곡물과 식자재가 들어 있었다. 필요한 사람은 손잡이를 눌러 필요한 만큼 담는다. 포장이 없어 용기를 챙겨 와야 하고, 무게를 재어 나온 값으로 계산하면 된다. 대형 마트처럼 큰 규모는 아니지만, 먹고 마시고 씻는 기본적인 생필품은 대부분 살 수 있었다. 우리가 가게에 들어섰을 때 마침 진한 커피 향이 났다. 원두를 사고 그 자리에서 갈아, 가져온 유리병에 담고 있던 손님. 처음 보는 모습이었다.

샵에서는 세제, 샴푸, 섬유유연제 같은 액체류도 판매했는데, 내가 방문했을 때 한 할머니가 세제를 사고 있었다. 큰 세제

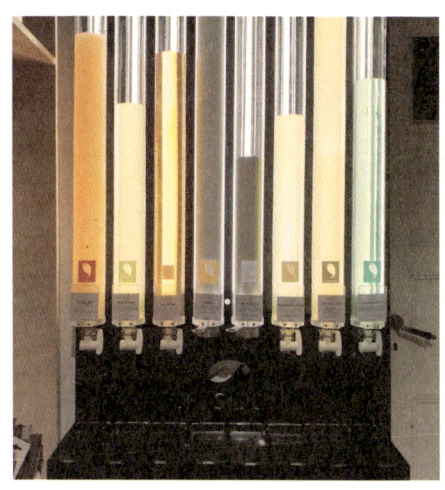

잘살고 싶어 시작한 일

39

통 앞에서 익숙한 듯 용기를 놓고 펌프질해서 담는 할머니. 나는 단 한 번도 세제를 이런 방식으로 살 수 있다는 걸 상상해 본 적이 없었다.

'맞아. 세제 용기도 쓰레기였지……'

정확히 말하면 세제 용기를 '문제'라고 생각한 적이 없었다.

샴푸바와 린스바, 화장솜 대신 사용하는 면 패드, 천연 치실 등 모든 것이 처음 보는 물건이었다. 그중 가장 인상 깊은 건 이곳을 찾는 사람들. 사람들은 크고 작은 용기를 챙겨 샵을 찾아왔다. 장을 보면 장바구니는 더 무거워질 텐데 일일이 유리병을 챙겨 온 것이다. 아직 에코백 챙기기도 힘든 나에게 이런 모습은 특별해 보였다. 물건을 골라 용기를 꺼내는 사람들의 움직임 또한 조용하며 우아했다.

샵과 가까운 곳에는 제로웨이스트 카페도 있었다. 감각 있는 누군가의 손길이 닿은 듯한, 길모퉁이의 예쁜 카페. 입구 쪽 칠판 같은 간판에는 'ZEROWASTE CAFE'라고 적혀 있었다. 장을 보고 배가 고팠던 우리는 그곳에서 아침을 해결하기로 했다.

이 카페에서는 흔히 볼 수 있는 빨대, 테이크아웃 잔 같은 일회용품이 전혀 없었다. 흔한 티슈 한 장도 없고, 카페를 꾸미는 소품도 대부분 재사용품. 자연스럽게 촛농이 흘러내린 예쁜 꽃병이 있어 물어보니, 그건 다 마신 진 병이라 했다. 인테리어

편집숍에서 산 것 같은 꽃병이 술병이라니. 그날 밤 나는 술을 마시지 않을 수 없었다.

주문하고 구경을 하고 있으니, 곧 작고 귀여운 투명한 잔에 라떼가 나왔다. 잔이 예뻐 찬찬히 살펴보니, 그 귀여운 잔은 집에서 흔히 보는 잼 병. 감각적인 그 잔이 잼 병이란 걸 알게 된 순간, 이제까지 버린 공병들이 생각나 비싼 컵을 잃은 듯 아까웠다. 좋은 물건이 많아 멋진 곳은 많이 봤지만, 물건을 버리지 않아 근사한 곳은 처음이었다. 카페는 문을 연 지 얼마 안 됐는데, 주말이면 빈자리를 찾기 어려울 만큼 인기라 했다.

"대박. 여기 미쳤네요. 진짜."

마음에 드는 걸 발견하거나 감동하면 나는 주로 '미쳤다'는 표현이 나온다. 좀더 멋진 말로 감탄하고 싶지만, 너무 본능적인 반응이라 이건 고칠 수가 없다. 잔, 테이블, 의자, 그릇 등 새것 하나 없지만, 지금까지 경험한 그 어떤 카페보다 세련된 공간이었다.

'BECAUSE EARTH IS BEAUTIFUL.'

카페 벽에 적혀 있던 문구다. 지구에 해가 되지 않기를 원하는 누군가의 마음이 느껴졌다.

"나도 해보고 싶어요, 이거 제로웨이스트."

함부르크에 오기 전 '분명 너도 좋아할 거야'란 선배의 예상은 맞았다. 직접 눈으로 본 쓰레기를 줄이는 삶은 더 멋지고 우아했으며, 감동적이기도 했다. 나는 고작 환경호르몬과 내 몸에 닿는 플라스틱만 생각했는데, 이곳 사람들은 좀더 근본적인 생각으로 실천하고 있었다. 나뿐 아닌 모두, 그리고 현재만이 아닌 미래를 위해 기꺼이 불편함을 선택하는 사람들. 이 사람들의 세계에는 따뜻한 선의가 가득해 보였다. 그들은 대부분 소박하고 자연스러운 인상을 가졌고, 소신을 지키며 사는 단단한 기품도 느껴졌다. 나는 이런 인상을 가진 사람들을 좋아한다. 나도 그들처럼 내 건강을 위한 일에서 한 발짝 더 나아가보고 싶어졌다.

독일에서 만난 '쓰레기를 줄이는 일상'은 생각보다 쉽고 누구나 할 수 있는 일이었다. 사실 그전까지 '환경보호'는 나와 먼 일 같았다. 그런 일은 어느 단체에 소속된 환경운동가만이 하는 일 같달까? 하지만 함부르크에서 만난 사람들은 모두 평범한 사람들. 유리 용기를 들고 샵을 찾은 할머니, 쓰레기를 주우며 뛰는 동네 러닝 크루, 에코백을 들고 제로웨이스트 카페를 찾는 대학생은 모두 나와 같은 평범한 사람들이었다. 또 환경을 위하는 일도 생각보다 특별한 게 아니었다. 핸드워시 대신 비누를 사용하는 것도 하나의 실천이란 걸, 나는 함부르크에서 깨달았다.

잘 살고 싶어 시작한 일

본격적인 제로웨이스트의 시작과 여행담을 길게 풀어놨지만, 결론은 간단하다.

'멋있었고, 따라 하고 싶었고, 그리고 나도 할 수 있을 것 같았다.'

생각보다 가벼운 이유 아니냐 묻는다면 '틀린 말은 아니다.'라고 답하겠다. 사실 큰 결심, 깊은 고민으로 시작한 건 아니다. 하지만 우연히 이런 삶을 알게 돼 시작하게 됐고, 그 이후 내 몸과 마음은 더 건강해졌으며, 나아가 조금 진지한 나의 일상이 됐다. 이렇게 건강한 유행이라면 한 번쯤 가볍게 따라 해봐도 좋지 않을까?

여행 후 한국으로 돌아가는 내 가방 안에는 각종 비누, 면 패드 같은 제로웨이스트 아이템이 가득했다. 다른 때와는 사뭇 달랐던 휴가의 마지막. 아쉬움보다는 새롭게 시작될 일상이 기대됐다.

제로웨이스트(Zerowaste) 란?

생활 속에서 배출되는 쓰레기를 최소화하고 어쩔 수 없는 것은 재활용하자는 운동이다. 불필요한 쓰레기를 줄이기 위한 노력을 말하는데, 현재 세계적인 에코 트렌드가 되어 널리 전파되고 있다. 제로웨이스트를 실천하는 사람들은 텀블러를 사용하고, 일회용품을 쓰지 않는 일상을 사진으로 남기는 등 다양한 방법으로 이를 알린다. 포장재가 없는 제로웨이스트 샵은 2014년 독일에서 시작돼 유럽 전역으로 퍼져나갔고, 현재 미국 뉴욕에서도 포장재 없는 가게가 계속해서 문을 열고 있다.

제로웨이스트 셀럽

비 존슨(Bea Johnson) _ 『나는 쓰레기 없이 살기로 했다』의 저자 비 존슨은 제로웨이스트의 대표적인 인물. 미국 캘리포니아에 사는 그녀의 4인 가족은 1년 동안 작은 병 하나 분량의 쓰레기를 만들어 크게 이슈가 됐다. 그녀는 자신의 집과 생활 방식을 모두 공개하며 쓰레기 없는 삶이 가능하다는 걸 알렸고, 제로웨이스트에 대한 대중적 관심을 일으켰다. 최근 우리나라에도 방문해 가정에서 쓰레기를 줄이는 방법에 대해 강연했다.

로렌 싱어(Lauren Singer) _ 미국 뉴욕에 사는 20대 여성 로렌 싱어도 제로웨이스트로 유명한 인물 중 한 명. 비 존슨에게 영향받아 쓰레기 줄이기를 시작한 그녀는, 어린 나이지만 Pakage free라는 친환경 브랜드까지 런칭해 많은 사람의 지지를 받고 있다. 4년 동안 모은 쓰레기가 작은 유리병밖에 되지 않는 이야기를 올려 유명해졌고, 인스타그램, 블로그, 유튜브 등 다양한 채널을 통해 특히 젊은 층에 영감을 주고 있다. 쓰레기 없이 베이킹하는 법, 빈티지 의류 사기, 학교 다니며 쓰레기를 줄이는 방법 등 감각적인 사진과 영상이 곁들여진 흥미로운 콘텐츠가 많다.

- 패키지프리 온라인 샵 : https://packagefreeshop.com
- 로렌 싱어 인스타그램 : @trashisfortossers

나의 제로웨이스트 단계는?

환경에 대한 내 관심은 어느 정도일까? 간단한 테스트로 알아보자.

나는 장을 보러 갈 때 '이것'을 챙긴다.

1. 아무것도 챙기지 않는다
2. 에코백을 챙기려 한다.
3. 에코백은 대부분 챙기고 비닐도 챙겨 가려 한다.
4. 에코백, 텀블러, 젖은 식재료를 담을 컨테이너도 챙긴다.

나는 카페에 갈 때 '이걸' 챙겨 간다.

1. 그냥 몸만 간다.
2. 잊을 때도 많지만 텀블러를 챙기려 노력한다.
3. 대부분 텀블러를 챙겨 간다. (빨대는 거절)
4. 텀블러와 같이 가는 사람이 쓸 빨대도 챙긴다.

비닐을 쓸 때 나는 '이런' 감정을 느낀다.

1. 아무 감정 없다.
2. 쓰레기를 만들어 아깝긴 하지만 어쩔 수 없다.
3. 후회되고 다음에는 개인 비닐을 챙기자 생각한다.
4. 비닐을 쓸 바에 사지 않는다.

택배를 이용할 때 '이런' 생각을 한다.

1. 아무 생각 없다.
2. 쓰레기가 나오긴 하지만 어쩔 수 없다고 생각한다.
3. 오프라인에서 비슷한 가격에 살 수 있는지 우선 알아본다.
4. 거의 온라인 쇼핑을 하지 않는다.

나는 쇼핑할 때 '이렇게' 한다.

1. 플라스틱 여부에 상관 없이 제품을 고른다.
2. 마음에 드는 제품이 플라스틱이 아니면 반갑다.
3. 내가 사려는 제품 중 친환경 제품이 있는지 알아본 후 쇼핑한다.
4. 플라스틱 제품은 대부분 사지 않는다.

나는 음식을 먹을 때 '이런' 생각을 한다.

1. 맛있다 또는 맛없다.
2. 음식 쓰레기가 아까우니 다 먹으려 한다.
3. 음식을 남기지 않으려 하고, 친환경 처리 방법을 찾아 실천 중이다. (수분 말리기, 미생물 처리기 등).
4. 식자재 중 버리는 게 없고, 만든 음식은 다 먹는다.

주로 1을 선택한 경우
환경 백지 상태, 지금까지 환경에 대해 깊이 생각해볼 기회가 없었다.

주로 2를 선택한 경우
제로웨이스트 초급자, 쓰레기 줄이는 일에 관심이 생기고 있다.

주로 3을 선택한 경우
제로웨이스트 중급자, 쓰레기를 줄여가는 일상에 꽤 익숙하다.

주로 4를 선택한 경우
제로웨이스트 고수, 이미 무소유에 가까운 제로웨이스트의 삶을 살고 있다.

자취생의
쓰레기 줄이기

여행에서 돌아와 본격적인 '쓰레기 줄이기'를 시작한 때는 결혼 전 자취생 시절부터였다.

집에 도착해 여행지에서의 여운이 옅어지기 전에 조금씩 일상을 바꿔보고 싶었다.

치료의 시작은 제대로 된 진단부터. 먼저 내가 주로 만드는 쓰레기가 뭐가 있는지 살펴봤다. 현관 앞에 있는 분리수거 박스를 보니 가장 많이 보이는 건 생수병, 탄산수 병 그리고 맥주 캔이었다. 그리고 분식집에서 음식을 사 오고 편의점 쇼핑을 하며 생긴 플라스틱 쓰레기도 적지 않았다. 한번 몸이 아픈 후 배달 음식은 많이 줄였지만, 여전히 일이 바쁘거나 너무 지친 날에는 집 앞 분식집이나 편의점을 찾곤 했다. 자취생으로서 어떻게 쓰레기를 줄일 수 있을까 고민하다가 몇 가지 방법들을 찾아냈다.

맥주와 탄산수는 유리병으로

먼저 맥주와 탄산수는 유리병에 담긴 제품으로 대체했다. 함부르크에서 인상 깊었던 것 중 하나가 유리병 탄산음료였다. 독일 음식점 대부분은 유리병 음료를 팔았고, 길에서도 유리병째로 콜라를 마시는 사람이 많았다.

'아, 맞아. 유리병이 있었지?'

생각해보면 어릴 적 콜라, 사이다는 허리가 쏙 들어간 날씬한 유리병이었는데, 언제부터인가 캔이나 플라스틱만 보였다. 독일에서 만난 추억의 병에 아이디어를 얻어, 한국에 와서도 병 제품을 찾아봤다.

편의점에는 없지만 슈퍼마켓만 가도 병맥주는 여전히 있었다. 병이 커서 양이 많은 건 아닌지 걱정했지만, 의외로 편의점 큰 캔 500mL와 같은 사이즈. 하지만 이것보다 더 흥미로운 사실이 있었으니, 그건 바로 같은 양이라도 병이 캔보다 더 저렴하다는 것이었다!

병맥주가 더 저렴한 이유는 병은 세척만 해서 바로 쓰는 '재사용품'이기 때문이다. 소주병과 맥주병은 분쇄하거나 녹이는 과정 없이 소독 후 바로 재사용이 가능하다. 그에 반해 캔은 분쇄하고 녹이는 가공이 필요한 재활용품이다. 재활용보다 저렴한 재사용품이니, 생산 비용이 낮아져 병맥주가 더 저렴한 것이다. 환경도 보호하고 같은 돈으로 더 많은 술을 마실 수 있는 병맥주. 게다 다 마신 후 편의점이나 슈퍼에 공병을 팔면 푼돈도 벌 수 있다. 나 같은 술꾼에게는 너무나 매력적인 옵션이었다.

밤에 마시는 맥주를 끊어보려고 탄산수를 마시기 시작했는데, 톡 쏘는 청량감이 좋아 자주 마시게 됐다. 주로 집 근처 편의점에서 샀는데, 분리수거 때가 되면 탄산수 쓰레기가 적지 않았다.

인터넷을 찾아보니 플라스틱만큼 저렴한 유리병 탄산수 상품이 많았다. 나는 주로 싱하 탄산수를 한 달에 한 번 20개 이상 대량으로 주문한다. 페리에, 산펠그리노 같은 비싼 것도 있지만, 싱하워터는 20개 이상 주문 시 편의점 탄산수와 거의 비슷한 가격 6~700원대. 처음에는 플라스틱을 대체하기 위해 마시기 시작했는데, 지금은 싱하 탄산수의 강한 탄산이 좋아 더 찾고 있다.

김밥과 떡볶이, 직접 음식 받아오기

쓰레기를 줄이려 마음먹으니, 나의 분식 라이프에도 변화가 생겼다. 분식집에서 주는 플라스틱 용기를 받지 않으려, 개인 용기를 들고 찾아갔다. 사실 처음에는 쉽지 않았다. 우선 첫째,

집에서 용기를 챙겨 나가야 하는 불편함이 있었다. 보통 계획하기보다는 즉흥적으로 먹고 싶어지는 분식 요리. 당장 사서 집에 들어가고픈 본능을 누르는 어려운 관문이 있었다. 둘째, 용기에 담아달라고 말하기가 은근히 무서웠다. 겉으로는 모르겠지만, 난 사실 굉장히 겁이 많은 편이다. 옆집에서 새벽에 못질해도, 식당에서 머리카락이 나와도 컴플레인을 못 한다. 처음에는 용기를 내미는 일도 무서웠다. '귀찮다고 싫은 내색을 하시진 않을까?' '욕을 하진 않겠지?' 해본 사람은 알겠지만, 용기 내미는 일에는 꽤 용기가 필요하다.

떡볶이가 너무 먹고 싶었던 초겨울 어느 날. 나는 반찬통을 들고 집 앞 분식점에 갔다. 다행히 주인아주머니는 여유가 있어 보였고 자연스럽게 용기를 내밀며 말했다.

"제 떡볶이랑 김밥은 여기 담아 주세요."

"네~"

돌아온 대답은 아주 심플하고 친절한 톤의 '네'. 걱정했던 내가 민망하게 사장님은 질문도 없이 떡볶이를 담아 주셨다. 역시 사람들은 생각보다 내 행동에 관심이 없는 법. 계산할 때는 '포장재를 아끼니, 뭔가 좀더 담게 된다'는 말씀을 하셨고, 그 양은 정말 평소보다 많았다. 첫 경험 후에는 걱정 없이 그릇을 챙겨 가게 된 분식집. 그날 이후 사장님은 말하지 않아도 일회용 수저를 빼고, 비닐 없이 그릇만 건네주신다.

그릇을 챙겨 가는 일이 번거롭지 않냐고 묻는다면 나는 오히려 그 반대라 대답한다. 해보면 알겠지만 잠깐 집에 들어와 그릇을 챙기는 게, 먹고 나서 분리수거 쓰레기를 처리하는 일보다 훨씬 간편하다. 남은 음식을 버리고, 플라스틱 수저와 그릇을 씻고 또 비닐은 따로 떼어내야 하는 번거로운 과정. 분리수거장에 갈 때까지 자취방에 쓰레기를 놓는 것도 찝찝하다. 그에 비해 용기에 음식을 담아 오면, 다 먹은 그릇만 씻으면 끝이다. 더 깔끔한 처리 과정. 음식 묻은 쓰레기를 씻고 버리러 가는 것보다, 그릇 한두 개 설거지하는 게 육체적 노동을 훨씬 줄여준다.

혼자 사는 집에 정수기 렌털은 부담스러워, 제로웨이스트를 시작하고 나서도 생수를 사 먹었다. (그때 브리타 정수기를 알고 있었다면 달라졌겠지만.) 사실 자취생이 배달 음식, 편의점 제품을 끊는 일은 힘들다. 대부분의 자취방은 좁고 통풍이 되지 않아 요리하기 좋은 공간이 아니니까.

지금 혼자 사는 자취생이라면 완벽하게 하겠다는 부담 없이, 작은 것부터 시작해보길 권한다. 편의점은 이용해도 비닐은 받지 않는다든가, 배달 음식을 시켜도 한 달에 한 번 직접 음식을 받아온다든가. 요가나 필라테스 같은 스포츠 센터를 갈 때 텀블러를 챙기는 것도 좋은 실천이다. 작은 경험이 쌓여 디딤판이 되면, 수월하게 다음 단계로 나아갈 수 있다.

혼자 사는 아담한 집일수록, 쓰레기가 쌓이면 더 티가 난다. 엄마와 함께 살 때는 쓰레기를 둘 베란다도 있고 다용도실도 있지만, 안타깝지만 대부분의 평범한 자취방에는 그런 장소가 없다. '아, 저거 언제 버리지. 더러워.' 생각하면서도 계속해서 쌓이는 현관 앞 쓰레기 더미. 이럴 땐 쉬고 싶어도 미뤄놓은 숙제가 앞에 있는 듯 마음이 불편하다.

하지만 제로웨이스트를 행동으로 옮길수록 쓰레기가 없는 날이 늘며, 불쑥불쑥 내 마음을 찌르는 불편함도 줄어들었다. 쓰레기가 눈에 보이지 않자 더 온전히 쉴 수 있었던 나만의 공간. 쓰레기는 집뿐 아니라, 마음도 어지럽히고 있었다는 걸 그렇게 알게 됐다.

지금 북극곰만 걱정할 때가 아니다

"꼭 줄여야 해? 다 재활용되는 거 아닌가?"

텀블러를 들고 다니면, 종종 카페에서 이렇게 묻는 친구가 있다. 버리지 않는 게 좋겠지만, 재활용 표시가 있으니 다 재활용되는 거 아니냐는 질문. 너무 공감하는 말이다. 왜냐하면 쓰레기 문제에 대해 알기 전, 내가 그랬으니까.

사실 예전에는 지금 일어나고 있는 환경 문제가 얼마나 심각한지 알지 못했다. 쓰레기로 인한 오염이 어느 정도인지, 플라스틱 재활용률이 얼마인지, 정확히 말하면 알려고 노력해본 적이 없었다. 검은 비닐봉지를 뒤지는 북극곰, 배에 플라스틱이 가득 차 죽은 고래의 사진들. 분명 건너뛰고 싶을 만큼 충격적인 기사였지만 사실 안타까움은 잠시뿐. 솔직히 이건 '내 일'이 아니라고 느꼈다.

우연히 쓰레기를 줄이려는 사람들을 보았고, 그들에게 관심을 가지니 지금의 현실이 보였다. 제로웨이스트를 실천하는 사람의 SNS에는 환경 관련 기사나 지표가 어느 곳보다 빨리 올라온다. 모를 때는 몰랐지만, 알면 알수록 겁나는 현실들. 반찬통과 컵 같은 입에 닿는 플라스틱만 피하면 될 줄 알았던 내가 바보 같았다. 텀블러를 써도 수돗물 속 미세 플라스틱은 막을 수 없으니까. 이건 북극곰과 고래의 일만이 아니었다. 이건 내 이야기, 내 조카의 이야기, 앞으로 태어날 내 아이의 이야기, 우리 모두의 이야기였다.

이 책은 제로웨이스트 팁을 공유하는 책이기도 하지만, 관심이 없던 사람도 시작하게 만들기 위한 '영업용' 책이기도 하다. 그래서 이제부터 영업을 위해 지금 당장 행동해야 할 이유를 들려주려고 한다. 시작 전에 사랑하는 아이 한 명을 떠올려보자. 자식도 좋고 조카도 좋다. 이제 나이 든 나와 그 아이가 맞이할 수 있는 세상을 이야기해보려 한다. 나 또는 내 가족의 이야기라면 좀더 현실로 와닿는 법이니까.

기후 난민을 만드는 지구 온난화

기후 변화는 핵전쟁에 버금가는 위험 요인이기 때문에, 2050년까지 전시체제에 준하는 인원과 자원을 확보해야 한다.

재난 영화 대사가 아닌, 2019년에 발표된 호주 국립기후복원센터의 보고서 중 일부이다. 나는 유튜브 영상을 통해 이 내용을 접했다. 2050년, 내 나이는 60살, 내 막내 조카의 나이는 겨우 38살로 한창 경제활동을 하고 있을 때인데 핵전쟁 급의 위기가 온다니, 충격적인 문장이었다.

탄소 배출이 지구 온난화의 주요 원인이란 건 누구나 알지만, 이제는 그 문제가 긴박하고 또 심각해졌다. 2018년 송도에서는 195개 회원국 대표와 과학자, 환경 전문가가 참석한 IPCC 총회가 있었다. 그리고 치열한 논의 끝에 유엔의 요청으로 시작된 〈1.5도 특별 보고서〉가 최종 승인됐다.

보고서의 제목은 왜 '1.5도 보고서'일까? 그건 바로 산업화 이전 대비 지구 온도가 1.5도 상승하면, 그때는 돌이킬 수 없는 재난이 될 것이라 보기 때문이다. 지금까지 지구의 온도는 1도 올랐고, 우리에게는 남은 건 단 0.5도뿐이다.

보고서에 따르면 현재 전 지구의 평균 온도는 약 1도 상승했고, 최근에는 상승 추세가 더 빨라져 10년마다 0.2도씩 오르고 있다고 한다. 현재의 속도라면 약 2030년~50년 사이 기온 상승 폭이 1.5도를 초과하게 된다. 이때가 되면 해수면이 상승해 삶의 터전을 잃는 곳이 생길 수 있고, 가뭄과 홍수, 산불 같은 이상 재해는 더 심해지고 모든 나라의 일상이 된다. 지구는 순환 능력을 상실해, 폭염과 미세먼지는 더욱 심각해질 것이다. 스웨덴의 청소년 환경운동가 그레타 툰베리는 '과학자가 되어 환경 운동을 하기에는 그때는 이미 늦을 것이다'란 말을 했다. 충분히 일리 있는 말이다.

우리는 모르고 있지만, 선진국들은 핵전쟁 급으로 이 심각성을 판단해 미래를 준비하고 있다. 환경에 무관심해 보이는 미국도 석탄 발전 사용량을 빠르게 줄이고, 전기에너지를 개발하는 등 조용히 준비 중이다. 특히 중국, 인도를 포함한 아시아 지역 사람들이 이상 고온으로 농사를 짓지 못해 심각한 식량 문제를 겪을 것으로 보고 있다. 호주는 벌써 자신들에게 유입될 아시아 기후 난민을 어떻게 막을지 보고서를 쓰며 계획하고 있다. 식량 자급률이 OECD 국가 최하위 25%에 불과한 우리나라도 그 대상에서 예외가 아니다. 나는 은퇴하기도 전에, 내 조카는 겨우 20~30대에 시작될지 모르는 일들. 농사가 힘들면 식품 값이 더 오를 텐데, 그때 우리 집 소득은 얼마나 될지 모르겠다. 지난 10년간의 임금 상승률을 생각하면 가슴이 답답하다.

미세 플라스틱의 위험성

나는 요즘 조카들이 생선회를 먹을 때마다 사실 불안하다. 어른들은 그렇다 치더라도, 면역력도 약하고 살날이 많은 아이들은 먹지 않았으면 싶다. 바로 미세 플라스틱 때문이다.

미세 플라스틱은 5mm 미만의 작은 플라스틱으로, 플라스틱이 부서져 생기거나, 치약, 화장품에 들어갈 용도로 처음부터 제작되기도 한다. 눈에 보이지는 않지만, 화장품, 생수, 소금, 바다 생물 등 일상 곳곳에 있는 미세 플라스틱. 2019년 6월 호주 뉴캐슬대학의 보고서에 따르면, 사람들은 매주 평균 2,000여 개의 미세 플라스틱을 섭취한다. 무게로 환산하면 5g으로 신용카드 한 장 정도. 우리 모두 일주일에 카드 한 장씩을 주전부리로 먹고 있는 거다. 특히 우리나라 남해의 미세 플라스틱 오염도는 세계 최고 수준이라고 한다. 앞바다마저 상황이 이러니 점점 수산 시장에 가는 게 꺼려진다.

미세 플라스틱이 인간에게 어느 정도 위험한지는 아직 과학적으로 정확하게 규명된 것은 없다. 그렇다고 안심할 수는 없는 상황. 위험성을 지적하는 목소리는 곳곳에서 계속해서 나오고 있다. 우선 플라스틱이라 인체에 들어갔을 때 손상을 일으킬 수 있다. 콧구멍에 빨대가 끼여 아파하는 거북이처럼, 지금 우리 뱃속에도 작은 플라스틱이 돌아다니며 상처를 만들지도 모른다. 무엇보다 환경호르몬으로 인한 내분비 장애를 일으킬 수도 있다. 최근 한 연구에서는 미세 플라스틱이 들어 있는 송어의 몸 중 생식기관의 오염도가 가장 높은 것을 관측했다. 수컷 송어의 고환에서 난자 세포가 발견되는 등 이상 현상이 발견된 것이다. 나는 이런 자료가 가장 무섭다. 아이는 없지만, 자녀 계획이 있는 나 같은 사람에게 가장 무서운 뉴스가 이런 거다. 주변에서 원인 모를 난임을 겪고 있는 지인들이 많은 요즘, 쓰레기 문제를 알아갈수록 '지금 아이를 낳아도 될까?' 고민스럽다.

쓰레기 매립, 소각으로 인한 피해

'플라스틱은 대부분 재활용되지 않아?'란 친구의 질문에 답을 하자면, '전혀 아니다'라고 답하겠다. 우리나라 재활용률이 50%가 넘는다는 자료에는 대부분 오류가 있다. 쓰레기는 수거-선별-처리 3단계를 거치는데, 보통 통계 조사는 선별 업체에 들어온 쓰레기를 기준으로 시작된다. 즉 모든 쓰레기를 기준에 두지 않고, 선별 업체가 재활용되리라 판단한 쓰레기를 기준으로 낸 통계이다. 환경부가 추론하기론 선별 과정에서 버려지는 쓰레기만 대략 39%라 한다. 재활용되는 쓰레기의 비중은 절반도 되지 않는다.

    재활용되지 못한 플라스틱 섞인 쓰레기는 보통 소각되거나 매립된다. 소각, 매립 어떤 방식이든 우리에게 해가 되는 건 같다. 우선 소각은 비닐이 타면서 여러 독성 물질을 매출한다. 가장 무서운 건 '다이옥신'. 1g만으로도 어른 2만 명을 죽인다고 알려져 있고, 체내에 쌓여 암을 유발하고 불임과 기형아 출산의 원인이 된다. 매립은 지하수 오염과 유해 가스 문제를 유발한다. 플라스틱은 땅속에서 500년 동안 썩지 않으며 독성을 뿜어내고, 땅속 깨끗했던 지하수를 오염시킨다. 물론 그 지하수는 우리가 사용하는 물. 집 앞에 쓰레기장이 없다고 피할 수 있는 문제가 아니다. 처리하지 못하는 대한민국의 쓰레기 산이 전국 각지 235개라는데, 땅덩어리도 작은 나라에서 그 피해를 피할 수 있을까? 다이옥신은 공기 중에 떠다니고, 오염된 물은 수도관을 통해 흐를 수 있다. 내 조카가 이런 물로 씻고 마시고 있다고 생각하면 마음이 무겁다.

    환경오염은 북극곰, 거북이 사진에 안타까워만 하고 지나갈 일이 아니었다. 만약 쓰레기를 줄이려 노력하는 사람들을 보지 못했다면, 나도 이 진실을 외면한 채 남 일을 보듯 살아갔을 것이다.

    과학자들은 기후 변화의 원인에는 인간 활동이 95% 이상을 차지한다고 말한다. 안타까운 사실이지만 반대로 생각하면, 사람만 달라져도 꽤 개선될 수 있다는 거 아닐까? 〈1.5도 특별보고서〉도 더 늦춰져서는 안 되지만 아직 희망이 있기에 나온 보고서다. 즉 끝났다고 손을 놓기에는 시간이 너무 아깝다.

어떤 미래가 올지 전혀 알 수 없지만, 훗날 나는 내 조카에게 조금이나마 덜 미안한 어른이 되고 싶다. 그냥 마냥 누리기만 한 어른은 아니었다고, 너희를 위해 노력했다 말할 수 있길 바라는 마음. 아직 떳떳한 어른이 될 수 있는 0.5도의 기회는 남아 있다.

할 수 있는 만큼,
즐겁게

좋아하는 에세이 중 『힘 빼기의 기술』이 있다. 경상도 출신인 작가가 사투리 '만다꼬'의 매력에 관해 쓴 글. 만다꼬는 표준어로 '뭐 하러' '뭘 하려고?'라고 해석할 수 있는 경상도 사투리다. 용례를 살펴보자면 '만다꼬 그래 열심히 하노?' '만다꼬 그래 돈 버는데?'라는 정도로 쓰이며, 대구가 고향인 나에게는 너무 익숙한 사투리다.

작가는 너무 잘하려다 되려 일이 풀리지 않는 순간, 이 '만다꼬' 정신이 필요하다 말한다. 그럴 때가 있다. 잘하고 싶은 마음이 커, 너무 힘이 들어갈 때. 평소에는 위트가 넘치는 사람이 좋아하는 사람 앞에서는 입을 못 떼거나, 발표를 잘하는 사람이 큰 프로젝트에서만 죽을 쑨다거나. '만다꼬'는 과하게 힘을 줘 실력 발휘가 안 될 때 '탁' 하고 힘을 푸는 주문 같다. 살다 보면 '그래. 뭐 하러 이리 애를 쓰나' '뭐 이리 힘들게 사나?' 이렇게 생각하는 순간 오히려 단순해지는 것들이 있다. 작가의 말처럼 힘을 주는 것보다, 힘을 빼는 게 기술인 거다.

쓰레기를 줄이는 일, 제로웨이스트도 이 '힘 빼기의 기술'이 필요하다. 사실 플라스틱, 비닐 없이 사는 건 불가능하지 않을까? '이제 비닐은 쓰지 않을 거야' '플라스틱 제품은 사지 않겠어'라고 마음먹어도, 마주치는 현실은 쉽지 않다.

'쓰레기 좀 제대로 줄여보자!' 마음을 먹고, 처음 마트에 갔던 때가 생각난다. 예쁜 에코백을 골라 어깨에 메고, 그 안에 야채를 담을 천 주머니도 챙겨 장을 보러 나섰다. 우리 동네 마트는 이마트지만, 그날만큼은 마치 유럽 파머스 마켓을 가는 기분. 외국 마켓에서 봤던 사람들처럼, 에코백에 바게트와 당근을 꽂고 걸을 생각에 설레었다.

그러나 내 로망과는 달리 현실은 척박했다. 마트의 야채와 과일들은 모두 비닐이나 랩으로 소포장되어 있었고, 생각보다 포장 없이 살 수 있는 게 없었다. 근처 유기농 제품을 파는 조합도 가봤지만 똑같은 사정. 그날 내 프로듀스백에는 담을 수 있는 게 없었다. 비닐로 포장된 깻잎과 랩으로 감싼 소고기 덩이만 담아 돌아왔다.

카페에서의 실천도 쉽지 않았다. 텀블러를 건네면 음료를 담아 주긴 하지만 문제는 빨대. "빨대 빼주세요." 말씀드려도, 습관적으로 꽂아 주는 분들이 많았다. 쓰레기를 만들지 않으려 텀블러를 챙겼는데, 빨대를 보면 허무해지는 기분. 일이 바빠서, 혹여 조금이라도 서비스를 주시려고, 몸에 밴 습관이란 걸 이해하면서도 마음은 아쉽다.

쓰레기를 만들고 싶지 않은 내 마음과 달리, 곳곳에서 플라스틱이 튀어나오면 힘이 빠진다. '기운이 빠진다'는 표현이 정확하다. 밤을 새우며 공부했는데 시험 일정이 미뤄지는 것처럼 맥이 풀린다. 나는 잘하고 싶은데 주변이 도와주지 않는 것 같아 억울하고, 이건 또 다른 나름의 스트레스가 됐다.

주변 사람들에게 완벽하게 실천하는 모습을 보여주려 하니 그것도 힘들었다. 텀블러를 들고 다니며, 또 실천을 SNS로 공유하며 자연스럽게 알려진 나의 관심사. 처음에는 별생각이 없었지만, 지인들로부터 멋있다, 대단하다 칭찬을 들으니 살짝 어깨가 올라갔다. 내게 응원을 보내는 사람들이 생긴 것 같았고 그때마다 더 완벽하게 실천하는 모습을 보여주고 싶었다.

하지만 가벼운 마음에서 결연한 마음으로 바뀌니, 오히려 힘들어졌다. 텀블러가 없는 날은 예쁜 카페를 가도 사진 한 장 찍어 올리는 게 찝찝했고, 친구들이 집에 오면 남은 물티슈가 있어도 쓰는 게 눈치 보였다. 사고 싶은 게 생기면 동네방네 떠들며 알아보는 스타일인데, 새것을 사는 내 모습이 모순적일까 쉽게 말하지 못했다. 누가 못하게 막는 것도 아닌데, 완벽하고자 하는 내 욕심이 나를 제한한 것이다. 출발선부터 무거운 추가 달린 듯, 사실 초반에는 쓰레기를 줄여나가는 재미를 온전히 느끼지 못했다.

"학원은 잘 끊는 게, god는 마 공부를 하네 공부를."

초등학교 6학년 때, 온종일 god 화보를 보던 내게 엄마가 했던 말이다. 소위 말하는 '덕질'처럼 사람들은 좋아하는 일은 시키지 않아도 하고, 또 오래 한다. 쓰레기 줄이는 일상을 꾸준히 공유하고 이렇게 글을 쓸 수 있었던 이유도 바로 재미를 찾았기 때문. 이 재미는 '할 수 있는 만큼, 즐겁게 하자' 마음을 먹은 후 찾아왔다.

어느 날 어차피 완벽한 실천은 불가능하고, 나 좋자고 하는 일인데 이렇게 스트레스를 받으면 안 될 것 같았다. 또 쓰레기를 만든 날은 '쓰레기 만들었다'고 솔직하게 말해야겠다 생각했다. '환경보호'라 하면 사람들은 뭔가 무겁고 딱딱한 이미지를 생각한다. 이런 편견은 환경과 관련된 실천을 더 어렵게 만드는 이유 중 하나. 그래서 평범한 사람이 '할 수 있는 만큼 하는 실천'도 하나의 노력이란 걸 보여주고 싶었다. '쟤도 하는데, 나도 해볼까?' 하는 현상을 노렸다랄까? 완벽하겠다는 부담을 버리니 쓰레기 줄이기는 점점 더 즐거워졌다.

'오늘은 텀블러가 있어 커피잔 아꼈네?' '빨대는 잘 거절했어.' '휴지 한 장만 덜 써도 한 달이면 30장인걸?' 여전히 쓰레기통에 쓰레기는 쌓여 있지만, 작은 실천 하나하나에 집중하니 뿌듯할 일이 많아졌다. 나라는 사람을 좀더 나은 인간으로 만드는 미션을 하는 것 같기도 한데, 이건 실천해본 사람이라면 분명 공감할 것이다.

이제는 처음보다 남들 시선을 그리 신경 쓰지 않는다. 예전에 제주도에 정착해서 살던 이효리가 TV에 나온 적이 있었다. 과거와는 다른 소박한 모습으로 콩을 베던 그녀. 처음에는 '여기 오니 욕심이 없어졌다. 편안하다'며 제주도에 완전히 적응한 듯 말했지만, 노래방 기기를 켜자마자 흥이 올라 "오빠, 나 서울 가고 싶어! 콩 베기 싫어!"란 명언을 남겼다.

종종 미처 준비하지 못해 식당이나 공원에서 일회용 수저를 쓰는 나를 보고 지인들이 놀란다.

"오, 허유정. 제보한다 제보해. 지금 일회용품 쓴 거지?"

그럼 나는 대답한다.

"이효리도 가끔 서울 가서 놀고 싶은 거예요."

집들이 때 수저가 없으면 일회용품을 꺼내기도 한다. 텀블러를 못 챙긴 날, 너무 목이 마르면 생수를 사기도 하고, 정신 없을 땐 나도 모르게 물티슈에 손이 가기도 한다. 이제는 그렇게 생각한다. '아쉽지만, 이런 날도 있는 거지.' 중요한 건 이제 조금 불편한 마음으로 쓰레기를 만든다는 거 아닐까? 좋은 일도 즐겁게 해야 오래할 수 있다.

   '할 수 있는 만큼, 즐겁게.'

   제로웨이스트를 시작하는 사람들에게 꼭 해주고 싶은 말이다.

시작하는 이들을 위한
2가지 팁

결혼을 하며 블로그를 시작했고, 또 이렇게 책을 만들며 간단하게라도 글 쓸 일이 많아졌다. 전업 작가란 직업이 존경스러워질 만큼 생각보다 힘든 글쓰기. 그중 가장 어렵고, 가장 시간을 많이 들이는 게 바로 '시작'이다. '어떤 말로 시작해야 할까?' '좋은 에피소드 없나?' 이렇게 고민하다 보면, 책상 앞에 앉은 건 아침인데 한 자도 못 쓴 채 점심을 맞이한다.

모든 시작은 어렵고, 제로웨이스트 시작도 쉽지 않았다. 쓰레기는 줄여보고 싶은데, 막상 무엇부터 해야 할지 혼란스러웠다. '스테인리스 빨대를 사던데, 나도 살까?' '텀블러도 장만하고 싶은데, 어떤 게 좋을까?' 머릿속에 떠오르는 건 많고, 우선순위는 쉽게 정해지지 않았다.

두루뭉술한 것보다 명확한 가이드라인이 있는 콘텐츠를 좋아하는 나. 요리는 '적당히' 말고 '몇 그램'으로 설명하는 레시피가, 운동은 '힘들 때까지' 말고 '몇 세트'로 말해주는 영상이 더 좋다. 명확한 가이드라인은 빠른 실행력을 만들어준다. 제로웨이스트를 마음먹은 사람이라면 지금 당장 시작할 수 있게, 시작 팁 2가지를 적어본다.

TIP 1. SNS 시작하기

원래 SNS를 적극적으로는 하는 편은 아니었다. 평소보다 기분이 좋은 날 셀카 몇 장 찍어 올리는 정도. 쓰레기를 줄이면서 나의 본격적인 인스타그램 라이프가 시작됐다.

SNS는 제로웨이스트에 많은 도움이 되는데, 우선 혼자 접하기 힘든 정보를 쉽게 얻을 수 있다. 살림이 '장비 빨'이라면 제로웨이스트는 '정보 빨'. 쓰레기 줄이기를 실천하는 사람 또는 단체 계정을 팔로우하면, 플라스틱 대체품 또는 아이디어를 쉽게 얻을 수 있다.

예를 들어 샴푸바를 사려면 우리나라에도 러쉬, 동구밭 등 다양한 브랜드가 있어 선택이 어렵다. 그때마다 도움을 준 건 나의 '인친'들. 어느 샴푸바가 뻑뻑하지 않고 가성비가 좋은지, 세일은 언제까지인지, 대부분의 정보를 피드를 통해 얻었다. 이런 정보의 장점은 믿을 수 있다는 것. 꾸며진 후기가 아닌 실소

비자들의 의견이기에 이를 참고하면 대부분 만족스러웠다.

두 번째는 나의 제로웨이스트 시작을 자연스럽게 알릴 수 있다는 것이다. 사실 주변 사람에게 '나 요즘 환경 생각하며 살아.' 먼저 말하기란 쉽지 않다. 뜬금없이 말해도 이상하고 또 예민하고 특이한 사람으로 보일까도 걱정된다. 특히 장난기 많은 대학 친구들에게 말하기가 힘들었다. 내가 쓰레기를 줄인다고 하는 순간 '오~ 개념녀 다 됐네, 다 됐어' 하며 나를 쑥스럽게 하거나, 휴지 한 장이라도 뽑으면 '이때'라며 공격할 것 같았다. (가끔 비닐봉지를 쓰는 나를 놀릴 때가 있지만 예상과는 달리 친구들은 진지하게 나의 실천을 응원해줬다.)

일회용 잔 대신 텀블러를 쓰는 일상, 에코백을 들고 장을 보는 모습 등을 기록하면 사람들은 자연스럽게 나의 변화를 알게 된다. 쓰레기를 줄이는 일은 주변에서 도와주면 훨씬 수월하다. 예를 들어 내가 SNS를 시작하자, 친구들은 내가 나서지 않아도 대신 빨대를 거절해줬고 비누 같은 친환경 선물로 내 생일을 축하해줬다. 또 가끔 집에 손님이 오면 커피나 일회용품을 사서 왔는데, 이제는 그런 일이 거의 없다.

팔로우하면 좋을 SNS 리스트

알맹상점 almang_market_ 2020년 6월 개업한, 우리나라에서 가장 큰 규모의 국내 첫 제로웨이스트샵 '알맹상점' 인스타그램 계정이다. 망원동에 있는 알맹상점 매장에서는 화장품, 세제뿐만 아니라 커피, 차, 발사믹, 오일 등 먹는 것까지 포장 없이 리필해서 구매할 수 있다. 오프라인 매장만큼 온라인 계정도 알차게 운영 중인데, 환경 관련 소식(정부 정책, 이벤트)을 빠르게 알려주고 새로운 친환경 제품도 꾸준히 소개해 주고 있다. '헤드'만 교체할 수 있는 플라스틱 칫솔, '칼날'만 바꿀 수 있는 면도기도 알맹 계정을 보고 찾아가 구매하게 된 물건들이다. 환경에 대한 꾸준한 관심을 유지하고 싶다면 이 계정을 꼭 팔로우해 놓는 걸 추천한다.

쓰레기 왕국 @a_trash_kingdom_ '쓰레기 줄이는 일이 이렇게 귀여울 수 있군!' 알게 된 채널. '안파카' '맹스터' 두 분이 채널을 운영하고 있고, 제로웨이스트 실천을 유쾌하게 담아내는 유튜브다. 마라탕, 요아정 등 MZ 세대가 주로 배달로 즐기는 음식을 두 사람은 직접 용기를 가져가 받아온다. 용기를 챙기고 매장에서 조심스럽게 주문하는 과정 모두 영상에 담겨 있는데, 이 과정을 따라가다 보면 '용기' 내는 일이 생각보다 어렵지 않고 즐거워 보여 나도 한번 해볼까? 마음먹게 만든다.
친환경 제품이 아직 생소하다면 꼭 쓰레기 왕국의 리뷰 영상을 보길 추천한다. 직접 써 보고 전하는 '제로웨이스트 욕실 추천템' '다이소에서 쉽게 살 수 있는 친환경 제품' 같은 영상들은, 관심은 있지만 많은 선택지로 혼란스러웠던 사람들에게 좋은 시작을 만들어 준다.

기후캐스터 정주희 @juheestory_ 전직 기상캐스터 능력을 완벽히 살려 '기후' 소식을 전하는 기후캐스터 주희 님의 인스타그램이다. '기후캐스터'라는 전무후무한 직업을 스스로 개척한 주희 님은 '기후 위기' '환경' 관련 소식을 일반 사람들이 알기 쉽게 풀어 영상과 글을 업데이트하고 있다. 이 계정 덕분에 알게 된 정보가 많다. 언뜻 보면 친환경 같은 종이 호일이 알고 보면 플라스틱 코팅 처리가 되어 가열하면 미세플라스틱이 나온다는 걸 덕분에 알았다. 플라스틱 생수병 속 미세플라스틱 문제도 기사로 접하면 자세히 보지 않고 지나치기 쉽지만, 1분 이내 영상에 깔끔한 기승전결을 담아 설명해 주는 주희 님의 영상은 어떤 숏폼 영상보다 흥미로워 집중해서 보게 된다.

TIP 2. 스타터 키트 준비하기

공부를 시작하면 우선 예쁜 문구류를 사고 책상 정리를 하는 사람들이 있다. 그렇다, 바로 나다. 이건 어른이 되어도 똑같았다. 제로웨이스트를 시작할 때도, 뭔가를 사서 준비부터 하고 싶었다. 대나무 빨대도 갖고 싶고 유기농 면봉도 필요할 것 같고. 얼른 하나하나 바꾸고 싶지만, 무엇부터 사야 할지 쉽게 정할 수 없었다.

우선 제로웨이스트 아이템을 사기 전에 생각해야 할 게 있다. 각자 생활 방식이 달라, 다른 사람에게는 유용한 것도 나에게는 필요 없을 수 있다는 것. 내 경우에는 빨대가 그랬다. 스테인리스 빨대를 선물 받았는데, 따뜻한 음료를 좋아해 거의 쓸 일이 없었다. 아이스 커피를 마시는 여름에도 챙겨 다니는 것보다 안 쓰는 게 편했다. 그래서 결국 친구에게 선물했던 빨대. 초반에는 이 빨대처럼 막상 써보니 필요 없는 물건을 살 때가 종종 있었다.

길바닥에 돈을 버려가며 쌓은 나의 쇼핑력. 이걸 바탕으로 스타터 추천템을 고르라면 나는 '텀블러, 손수건, 그리고 나무 칫솔'을 뽑고 싶다. 누구에게나 필요하고, 또 초보자도 쉽게 시도할 수 있는 세 가지 아이템이다.

텀블러

환경보호 하면 떠오르는 것 중 하나가 바로 텀블러. 뻔한 물건을 말한다 생각할 수 있지만, 그만큼 쓰레기 줄이는 데 이만 한 게 없다. 텀블러를 쓰고 나서, 나는 가장 많이 소비했던 일회용 잔과 생수 쓰레기를 정말 많이 줄였다. 가끔은 길거리 음식을 담는 '용기'로도 쓰는 텀블러. 텀블러에 대해 예찬해보라면 한 시간은 너끈히 떠들 수 있다.

텀블러는 '당연히' 필요하지만, '함부로' 사서는 안 된다. 생각보다 '취향'이 너무 중요한 쇼핑 품목. 무작정 샀다가는 플라스틱 잔보다 더 큰 쓰레기를 만들 수 있다.

사기 전에 평소 나의 생활 습관과 디자인 취향을 많이 고민해야 한다. 예를 들어 뜨거운 음료를 좋아하는 사람이라면 플라스틱 소재나 얇은 소재의 텀블러는 피해야 한다. 아이스 음료를 좋아한다면 얼음이 잘 담길 수 있는 입구가 큰 제품이 좋고, 주로 이동할 때 사용한다면 밀폐력이 가장 중요하다. 이렇게 텀블러는 생각보다 고려해야 할 게 많은 예민한 아이템이다.

어떤 사람은 '집에 텀블러 많지 않나? 텀블러를 사는 것도 쓰레기다.' 말하지만, 난 그 의견과 반대다. 있는 걸 쓰는 것도 좋지만, 내게 맞는 텀블러 하나쯤은 사는 걸 추천한다. 내가 텀블러를 휴대하기 시작한 건, 최애 텀블러를 찾은 이후. 사실 그 전에는 이렇게 텀블러를 들고 다니지 않았다.

나에게 딱 맞는 텀블러 찾기

사은품이나 선물로 텀블러를 받아 본 경험이 대부분 있을 것이다. 집에 1,2개씩은 꼭 있는 아이템이라, 텀블러 실천 이야기가 나오면 많은 사람들이 집에 있는 것부터 잘 활용해야 된다고 말한다. 다만 집에 있는 텀블러를 활용할 때 불편함이 있어 잘 챙겨 다니지 않는다면, 나에게 맞는 품질 좋은 텀블러 하나쯤은 구매하는 걸 추천한다. 텀블러를 잘 챙겨 다니기 시작한 때가 바로 내 생활 패턴과 성격에 맞는 텀블러를 찾았을 때. 몇 년 동안 여러 텀블러를 사용해 보니 나에게 맞는 텀블러 기준이 자연스럽게 생겼다.

일단 덜렁거리는 성격이라면 쉽게 닫을 수 있고 밀폐가 잘 되는 제품을 강력 추천한다. 예전에 디자인도 예쁘고 보온 성능도 너무 좋은데, 잘 닫혔는지 확인이 애매한 제품을 사용한 적이 있다. 밀폐가 됐는지 확인이 어려워 덜 닫고 이동할 때가 많았고, 결국 해외여행을 하는 중 가방에 물이 쏟아져 노트북 수리까지 맡기는 상황이 발생했다. 나처럼 꼼꼼하지 못한 성격이라면 완전 분해가 되는 뚜껑을 가진 제품도 추천하지 않는다. 세심하게 조립하지 못하면 물 새는 일이 많았다.

텀블러를 고를 때 먹는 습관도 중요하다. 여름에는 아이스로 음료 마실 일이 많은데, 성격이 급하다 보니 갑자기 텀블러를 위로 들고 마시면 얼음이 왈칵 쏟아지며 커피가 옷에 꽤 많이 튀었다. 그래서 새로 생긴 기준은 얼음이 왈칵 떨어져도 막아줄 수 있는 좁은 입구를 가진 캡이 있는 제품. 지난 1,2년 동안 가장 잘 사용한 브랜드는 하이드로 플라스크인데, 이 브랜드의 Chug Cap 뚜껑을 가장 좋아한다. 입구를 넓게도 쓸 수 있고 얼음 음료를 먹을 때는 좁게 쓸 수도 있다.

자주 쓰는 제품을 적었지만 이건 철저히 내 취향이고, 이 제품이 안 맞는 사람도 분명히 있을 거다. 일단 집에 있는 텀블러를 사용했을 때 어떤 점이 불편했는지부터 생각해 보자. 밀폐력, 크기, 뚜껑모양 등 우선순위가 생길 거고 거기에 맞춰 제품을 찾는 게 중요하다. 내 일상과 손에 딱 맞는 제품을 만나면 텀블러 챙겨 다니는 일이 10배는 즐거울 거라 확신한다. 추운 겨울 버스를 기다리며 홀짝이는 따뜻한 보리차의 맛, 여름날 아침에 받은 커피가 점심이 지나서도 여전히 얼음이 살아 있는 소소한 행복을 경험해 보길!

집에 있는 걸 써보려 했지만, 뜨거운 음료를 마시기에는 불편했다. 디자인도 내 취향이 아니라 손이 가지 않던 사은품 텀블러. 그것과 비교해 지금 텀블러는 뜨거운 물이 천천히 나와 쓰기도 편하고, 디자인도 심플해 종종 사진을 찍을 만큼 정을 준다. 쓰기 편하고 내 눈에 예쁜 텀블러를 찾으니 그때부터 잘 챙겨 다니기 시작했다. 모든 일은 좋아해야 더 잘하는 법. 쓰레기를 줄이고 싶다면 '나만의 최애 텀블러 찾기'를 첫 미션으로 해보면 어떨까.

손수건

어릴 적 주변에 손수건을 쓰는 사람이 2명 있었다. 고춧가루만 봐도 땀을 흘리는 아빠와 차분하고 여성스러웠던 과외 선생님. '아, 손수건은 저런 분들이 쓰는 거구나' 싶었고, 덜렁거리는 나와는 어울리지 않는다 생각했다.

그랬던 내가 지금은 열혈 손수건 유저다. 외출할 때면 손수건을 꼭 챙기고, 집 테이블에도 몇 장씩 놓아둔다. 이제는 남편 손수건까지 탐내는 나. 휴지를 안 쓰는 사람은 없고, 가볍고 휴대하기도 편해 초보자 전용 아이템으로 안성맞춤이다.

손수건을 쓰고 나서 깨달은 사실이 하나 있다.

'지금까지 나는 휴지가 필요해서 쓴 게 아니라, 곁에 있으니 썼구나!'

손수건을 쓰기 시작하면 주변 사람들이 어떻게 휴지를 쓰는지 보인다. 대부분의 사람은 입만 닦아도 티슈를 두세 장씩은 쓴다. 마치 생활의 달인처럼 빠르게 손목 스냅을 꺾어 착착 티슈를 뽑는 사람들. 나도 그랬지만 대부분 사람은 휴지를 습관적으로 쓰고 있다. 엄홍길이 '산이 거기 있어 오른다.' 했던가? 그렇다면 나는 '휴지가 거기 있어 써재꼈다' 말하겠다.

식당에서 몇 장, 식후 카페에서 몇 장, 또 화장실을 갈 때마다 손을 닦으니 보통 하루에 두 뭉치 이상 쓰는 휴지. 하지만 손수건 한 장만 들고 나가면 딱히 노력하지 않아도 휴지를 쓰지 않는 날이 많았다. 손수건이 휴지의 역할을 충분히 대체했고, 손수건 한 장이면 생각보다 많은 휴지가 필요하지 않았다.

쓰레기 문제를 떠나, 손수건을 쓰면 정말 편하다. 버스에서 물을 마시다 흘러도 당황할 일이 없고, 카페나 식당에서 휴지를 찾느라 수고할 필요도 없다.

나무 칫솔

나무 칫솔도 초보자가 쉽게 시작할 수 있는 아이템이다. 개인적으로 텀블러 다음으로 구매한 2번째 제로웨이스트 아이템이 바로 나무 칫솔. 우선 샴푸바나 화장품처럼 트러블이 걱정되는 품목도 아니고, 찾아보니 국내에서 만드는 질 좋고 저렴한 칫솔이 많았다.

또 칫솔이야말로 가장 빨리 바꿔야 할 품목 같았다. 우선 다른 플라스틱과 달리 칫솔은 입안으로 직접 들어간다. 가만히 물고 있는 것이 아니라, 위아래 양옆으로 움직이고 이와 부딪히는 칫솔.

'얼마나 많은 플라스틱이 내 입에 떨어질까?'

미세 플라스틱을 모를 땐 상관없었지만, 그 문제를 알고 나니 사용하기가 무서웠다.

내가 쓰는 나무 칫솔은 '닥터노아' 제품인데, 우리나라에서 가장 대표적인 나무 칫솔 브랜드다. 나무 칫솔은 크게 적응 기간이 필요하지는 않을 만큼 교체가 쉬웠다. 미세모로 잇몸에도 부드러웠고, 플라스틱과는 다른 나무 촉감도 참 좋았다. 가격도 천 원 초반대로 일반 플라스틱 칫솔과 별 차이가 없다. 닥터노아는 아주 작은 흠집으로 제값을 받고 팔 수 없는 '못난이 칫솔'을 따로 판매하는데, 가격도 더 저렴하고 사용에 전혀 문제가 없어 주로 이 칫솔을 산다. 타 브랜드 사용자 중 가끔 가시에 찔렸다는 분들이 있어, 사용 전 항상 날카로운 부분이 없는지 확인한다.

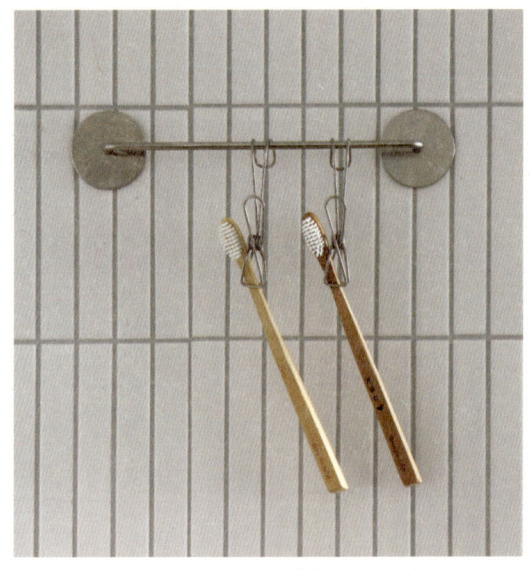

나무 칫솔 보관법

나무 칫솔은 통에 꽂아 두면 밑부분이 썩을 수 있어 공중에 걸어 건조시키는 게 가장 좋다. 우리 집 나무 칫솔은 집게고리를 사용해 욕실 수건걸이에 걸어놓고 사용 중이다.

쓰레기 없는
결혼식을 꿈꿨지만

대학교 때 만난 나와 남편은 만 9년을 연애하고, 2019년 4월 나의 고향 대구에서 결혼했다. 결혼 전까지 사실 난 결혼에 대한 로망이 없다고 생각했다. 친구가 결혼할 때도 다른 친구들은 '드레스는 어떤 디자인인지' '식장은 어디인지' 또 '신혼여행은 어디로 가는지' 질문을 쏟아내도, 나는 그리 궁금한 게 없었다. 그때는 결혼이 남 일 같기도 했고 한 시간이면 끝날 이벤트에 그리 정성을 쏟는 게 오히려 신기했다.

"다들 기억도 못 할 것 같은데, 그냥 대충 할 거야."

결혼에 대한 질문에도 언제나 '쿨한' 태도를 유지했던 나.

결혼 준비 전까지는 전혀 몰랐다. 내가 이토록 결혼 로망이 넘치는 사람인 줄은. 막상 결혼 준비에 들어가자 하고 싶은 것들이 너무 많았다. '인생에서 단 한 번뿐인 결혼식인데'란 말을 내가 할 줄이야. 하고 싶은 모든 걸 다 해보고 싶었고, 무엇보다 나답게 결혼하고 싶었다.

나의 결혼식 로망은 햇살 좋은 날 푸른 야외에서 열리는 작은 결혼식. 부제로 '쓰레기 없는 제로웨이스트 웨딩'이 붙길 원했다. 결혼식을 다닐 때마다 결혼식이야말로 엄청난 쓰레기의 주범 같았다. 한 번 쓰고 버려지는 축의금 봉투들, 한 사람당 기본 2개 이상씩 쓰는 일회용 컵, 그날 하루만 소비되는 장식 꽃 등 한 팀만 식을 올려도 발생하는 쓰레기는 어마어마하다. 그래서 자연스럽게 그런 생각을 했다. 내 결혼식은 꼭 다르게 해보겠노라고.

이 로망은 유튜브 때문이기도 하다. 해외의 많은 제로웨이스트 유튜버들이 쓰레기 없는 결혼식을 올리고, 이 팁을 자세하게 영상으로 공유해준다.

그들은 대부분 정원이 아름다운 작은 공간에서 야외 결혼식을 올린다. 시들어 쓰레기가 되는 꽃 대신 화분으로 식장을 꾸미고 손님들은 각자 쓸 컵을 모두 챙겨온다. 이런 걸 그들은 BYO(Bring Your Own cup)라고 불렀다. 신랑 신부의 예복도 모두 빈티지. 누군가가 입었던 옷이지만, 새것 같은 웨딩드레스와는 또 다른 멋이 있다. 일반 숍에서 잘 볼 수 없어 오히려 특별해 보이는 드레스. 음식과 술은 지역 음식점의 도움을 받아 포장 없이 벌크로 가져왔다. 결혼을 축하하는 손님들의 손에는 커플의 가치관을 생각한 포장 없는 따뜻한 선물들이 들려 있다.

결론부터 말하자면 이런 결혼을 꿈꿨지만, 안타깝게도 로망을 이루지 못했다. 쓰레기가 없는 결혼을 하는 방법은 잘 알고 있었지만 단 한 가지 내가 몰랐던 것이 있다. 그건 바로 '현실'이다.

우리를 잘 아는 사람들을 초대해 작은 파티 같은 결혼을 하고 싶었지만, 부모님 입장을 생각해야 했다. 내 이벤트이기도 하지만, 부모님의 잔치이기도 한 결혼식. 고생해서 키운 자식의 결혼을 여러 사람에게 자랑하고 싶은 게 부모 마음 같았다. 상견례를 마치자마자 벌써 누구부터 연락을 돌릴까 설레어 보이는 엄마 아빠. 이런 부모님에게 작은 결혼식 이야기는 쉽게 꺼낼 수 없었다.

사실 스몰 웨딩, 제로웨이스트 웨딩은 부모님께 말씀드리기도 전에 내가 포기한 거다. 결혼 로망을 이루기 위해 열심히 알아보니, 쓰레기 없는 결혼을 위해서는 결혼식 전 과정에 디테일한 나의 노력이 들어가야 했다. 보통의 결혼식은 식장을 결정하면, 그곳에서 장식과 음식, 음악 등을 알아서 준비한다. 하지만 유튜브에서 본 그 웨딩을 하려면, 장소 선정은 물론 장식, 음식 준비 등 모든 과정에 내 손이 닿아야 했다. 그때는 결혼식 준비,

웨딩 촬영, 신혼집 인테리어 공사까지 준비해야 했던 상황. 스트레스로 몸까지 약해지니 결혼 로망은 점점 옅어지고 우리는 웨딩플래너를 찾았다. 제로웨이스트도 몸과 마음에 여유가 있어야 할 수 있다.

결혼식 로망은 실패했지만, 청첩장만큼은 쓰레기를 줄일 수 있을 것 같았다. 결혼식 하루를 위해 여러 겹에 봉투까지 있는 청첩장은 낭비 같았다. 그때 찾은 게 엽서 형식의 청첩장. 엽서는 한 장의 종이면 충분하고 봉투도 필요 없다. 요즘은 모바일 청첩장도 있으니 엽서처럼 간단하게 만들어도 좋을 것 같았다.

그런데 아주 쉬울 거로 생각했던, 엽서 청첩장도 결국 하지 못했다. 주변 사람들에게 엽서 청첩장을 말하니, 부모님 지인들은 봉투가 없으면 '성의 없다'고 생각한다는 의견이 돌아왔다. 또 아직 청첩장 속 약도를 보고 오는 어른들이 많은데, 작은 엽서에는 약도를 담을 공간이 없는 것도 문제였다. 나 좋자고 어르신들을 고생시킬 수는 없는 일. 결혼 준비는 무엇 하나 쉬이 넘어가는 게 없었다.

결혼식을 찾아온 몇몇 친구들이 신부 대기실에 앉아 있는 내게 웃으며 귓속말했다.

"야, 근데 너 스몰 웨딩 한다고 안 했나?"

여러 번 스몰 웨딩, 제로웨이스트 웨딩을 외친 것에 비해 너무나 화려했던 결혼식. 눈부신 조명과 다채로운 꽃장식 아래 비즈가 빼곡히 박힌 드레스를 입은 나도 사실 민망했다. '입방정'이란 말은 괜히 있는 게 아니다. 하지만 소심하게 변명해보자면 제로웨이스트 웨딩을 위해 몇 가지 노력을 하긴 했다. 아무도 눈치채지 못했지만.

엽서 청첩장은 실패했지만, 나름 친환경 방법으로 청첩장을 만드는 곳을 찾았다. 그곳은 환경 오염이 적은 콩기름으로 인쇄하고 봉투 끝에는 풀이 발려서 스티커를 따로 붙일 필요가 없었다. 또 일부 수익금은 기부도 된다고 해서 엽서는 아니지만, 청첩장은 꽤 만족스럽게 마무리했다.

결혼식 후 남편 회사에 돌릴 답례품도 비닐 포장이 없는 선물로 준비했다. 답례품은 돌맹이 조각 위에 에센셜 오일을 뿌린, 공방에서 만드는 '스톤 방향제'. 원래 비닐에 포장되는 걸 알지만 조심스럽게 종이 포장을 부탁했다. 새로운 포장재를 찾아야 해 귀찮을 수 있지만, 사장님은 '이번 기회에 친환경 포장도 생각해보죠'라며 친절하게 받아주셨다. 이 스톤 방향제는 오일만 뿌려주면 계속 재사용이 가능하다.

지금 유튜브에 제로웨이스트 웨딩을 검색하면 주로 해외 유튜버의 컨텐츠이고 한국에서 만든 영상은 찾을 수 없다. 그만큼 한국의 문화에서는 '쓰레기 없는 결혼'이 쉽지 않다는 뜻.

비록 나는 실패담을 전했지만, 지금 결혼을 준비하고 있는 누군가라면 '그럼에도 불구하고 시도해보자'라고 말하고 싶다. 예식장과 협의를 할 때 꽃 대신 화분으로 장식할 수 있는지, 식장 답례품은 내가 원하는 걸로 지정할 수 있는지 물어보긴 했다. 그때마다 돌아온 답은 '곤란하다.' 또는 '이런 선례가 없다.' 아쉽지만 한창 식이 많은 4월에 이런 문의를 하는 신부가 당황스러울 것 같아 이해됐다.

그래도 이런 생각을 하는 신부, 신랑들도 있다는 걸 계속해서 알려주면 조금씩 변화가 생기지 않을까? 용기 내어 문의하고 또 선례를 만들어, 언젠가는 노플라스틱 옵션이 담긴 예식장 계약서를 보고 싶다.

비닐 씨, 우리 이제
진짜 헤어져

"오빠, 비닐은 엄청난 발명품이었어."

갓 살림을 시작한 어느 날, 집안일에 지친 내가 남편에게 했던 말이다. 신혼여행에서 돌아오고, 본격적인 '주부 라이프'가 시작됐다. 솔직히 말하면 결혼 전에는 '비닐 없는 살림'에 꽤 자신 있었다. '비닐 없이 살림하기 힘들다' '물티슈에 절로 손이 간다'는 결혼한 친구의 푸념을 들으면 공감하는 척했지만 사실 와닿지 않았다.

'장 볼 때 에코백 챙기고, 반찬통만 요리조리 잘 쓰면 크게 쓰레기 만들 일은 없을 것 같은데?'

그렇다. 오만했다. 집안일을 하며 비닐을 쓰지 않기란, 지름길을 아는데 굳이 둘러 가는 길을 선택하는 것과 같았다. 비닐과의 이별은 생각보다 정말 쉽지 않았다.

지퍼백은 부엌에서 가장 많이 쓰는 아이템. 엄지와 검지로 쭉 밀기만 하면 밀봉이 되니 음식을 나눠 보관하기에 이것만큼 좋은 게 없다. 한국에서 가장 잘 팔리는 이케아 제품도 지퍼백 '이스타드'라 한다. 알록달록 색깔도 예쁘고, 크기도 다양한 이케아 지퍼백. 우리나라에서만 연간 100만여 개가 팔린다고 하니, 놀러 가는 집마다 보였던 게 이상한 일이 아니었다. 물론 이 100만 개의 지퍼백은 500년간 썩지 않겠지만.

초반에는 장을 보고, 지퍼백 대신 반찬통으로 음식을 나눠 보관했다. 지퍼백을 사용하면 별다른 손질 없이 씻어서 그냥 접어 넣었을 대파와 쪽파. 하지만 반찬통을 사용하면 용기 크기에 맞게 잘라야 하고, 또 반찬 용기는 유연한 비닐보다 냉장고 자리를 많이 차지한다. 장 볼 때 기운을 다 써버려, 집에 도착하면 소파부터 찾게 되는 게 장 본 날의 현실. 머릿속으로는 반찬통을 꺼내 정리하고 있지만, 지친 몸은 지퍼백으로 향했다.

주방 일회용품들도 지퍼백만큼 편리해서 매력적이다. 최근 SNS에 뜯어 쓰고 바로 버리는 일회용 수세미와 행주 광고가 많이 보인다. 결혼 전에는 그런 광고에 '아, 저건 아니다' 생각했지만, 주방 일을 해보니 그 제품이 왜 인기인지 절로 알게 됐다. 수세미, 행주 세척은 정말 귀찮은 일 중 하나. 젖은 행주를 보며

'저걸 씻고 잘까? 그냥 잘까?' 수없이 고민하지만, 대부분 찝찝한 마음을 안고 그냥 자러 들어간다. 또 행주와 수세미는 세균 번식이 쉬운 살림살이다. 일회용 행주는 삶고 햇빛에 말릴 필요도 없이, 매번 새것을 쓰면 된다. 고백하자면 단 한 번도 일회용 행주, 수세미를 주문한 적은 없지만, 광고를 찾아 들어가 고민해보긴 했다. 사실 장바구니까지 넣었다. 하지만 적어도 일주일에 5장은 쓰는데, 행주 수세미를 합하면 한 달에 40장, 1년이면 480장이란 계산이 나와 포기해버렸다. 대구 말로 '텀블러 들고 다녀 뭐 하겠노?' 싶더라. 썩지 않는 행주와 수세미가 500장이라니. 계산 후 정신이 돌아왔다.

결혼 전부터 쓰레기를 줄이려 노력했지만, 막상 2인 가정 살림을 시작하니 그 실천이 쉽지 않았다. 신혼집을 꾸리고 한 달 정도는 생각보다 정말 많은 비닐을 썼다. 비닐을 대체할 팁도 부족했고 무엇보다 살림이 서툴러 항상 시간에 쫓겼다. 특히 요리를 시작하면 옆 사람까지 정신 없게 만드는 살림 초보. 생각할 틈도 없이 비닐에 손이 갔고 비닐 없는 살림을 자신했던 나는 쉽게 무너졌다.

문득 비닐은 쓰레기 같은 인간이란 걸 알지만 쉽게 헤어지지는 못하는 연인 같았다. 오래 만나 익숙하고 편하지만, 분명

나에게 건강한 사랑을 주지 못하는 연인. 그렇다고 당장 헤어지면 외롭고 불편할 것 같고, 새로운 사람을 만나자니 그것도 자신이 없어 그냥 계속 만나고만 있는 거다. 비닐이 딱 그렇다. 간편하고 익숙하지만, 쓰면 쓸수록 내 몸에 해로운. 당장 끊자니 불편할 것 같고, 대체 방법을 찾는 건 귀찮아 계속 쓰게 된다. 잠깐 몸은 편할지 모르나 우수수 미세 플라스틱을 떨어뜨리는 비닐랩처럼, 순간의 달콤함은 해로운 경우가 많다.

'쓰레기' 같은 해로운 연인은 당장 싱글이 될 내일이 두려워도 끊어내는 게 옳다. 해로운 인연을 만나 고생해본 경험은 친구들을 통한 간접 경험이라도 한 번쯤 있을 것이다. 주변 이야기를 생각해보면, 대부분 끝은 같았다. 처음에는 부섭지만, 막상 헤어진 후의 일상은 생각보다 평온하더라는 것. 이별 후 진심으로 자신을 아껴주는 친구와 가족들을 만날 시간이 많아졌고, 이런 시간은 전보다 건강한 몸과 마음을 만든다. '새로운 사람이 생기지 않을 것 같다' '다른 사람을 만나도 똑같을 것 같다'며 이별을 망설였던 친구들은 생각보다 더 빨리 좋은 사람을 만나 새로운 시작을 했다. 이별하지 않았다면 만날 수 없을 뻔한, 소중한 사람들이었다.

일회용 비닐과의 이별은 분명 어려운 일이다. 그렇지만 노력해봐야 한다. 새로운 일상에 적응하는 게 귀찮아서, 막연히 어려울 것 같아 망설여진다면, 우리를 스쳐 간 수많은 '쓰레기'를 떠올려보자. '우리 정말 헤어질 수 있을까?' 했었지만, 그들이 없이도 잘 살아왔고 오히려 더 나은 내가 되었다. 이제 용기 내어 이별을 말해보자.

"비닐 씨, 우리 이제 진짜 헤어져."

햇볕을 머금은 폭신폭신한 천연 수세미와
손안에서 돌아가는 동글동글한 비누.
손에서 느껴지는 기분 좋은 느낌은
마음으로 전해진다.

2

쓰레기 없는 살림

부엌

제로웨이스트 고수는 엄마

살림을 시작해보니 알게 된 사실 하나. 그건 바로 숨은 제로웨이스트 고수는 엄마들이란 사실이다.

엄마의 살림 법에 관심을 두게 된 건 델몬트 병이 시작이었다. 남편과 친정에 놀러 갔던 어느 날, 여느 때와 다름없이 저녁을 먹고 부모님과 술을 한잔하고 있었다. 그때 엄마 아빠가 서울에 오면 다 함께 을지로에 가자는 이야기가 나왔다. 최근 레트로 열풍으로 '힙지로'라 불리는 을지로. 우리에게는 새롭고 두 분에는 옛 추억이 생각나는 곳일 것 같아 꺼낸 이야기다.

"요즘 레트로가 인기야 인기. 델몬트 병이 엄청 비싸게 팔린 다니까."

레트로 이야기를 조용히 듣던 엄마가 갑자기 일어났다. 천천히 부엌으로 가 찬장을 뒤지더니 양손에 병을 들고 나오는 엄마.

"이거 말하는 거 맞제?"

이렇게 흔하디 흔한 게 무슨 유행이냐는 듯, 엄마는 무심히 병을 건넸다. 그건 바로 그리 구하기 힘들다는 '진통' 델몬트 병. 동묘에서도 희귀하다는 그 병을, 엄마는 2개나 가지고 있었다.

주스 병도 20년 이상 보관할 만큼, 우리 엄마는 물건 하나 쉽게 사고 버리는 법이 없다. 생각해보면 엄마들이야말로 진정한 제로웨이스트 고수. 살림을 살 때는 가격과 품질을 꼼꼼히 따져 오래 쓸 것을 고르고, 버리기 전까지 몇 번이나 고쳐 쓴다. 내가 어릴 때만 해도 엄마들은 천 기저귀를 썼다. 기억을 더듬어보면 '이렇게 사야 맛도 좋고 싸다'며 쟁반을 들고 우동 공장, 두부 공장을 찾던 엄마의 모습도 떠오른다. 한 푼이라도 아껴보려던 엄마의 살림 방식이 지금 와서 보니 '친환경 살림'인 거다.

델몬트 병을 발견한 그날, 나는 신이 나 엄마의 부엌을 뒤졌다. 델몬트 말고도 할머니에게 물려받은 방짜 유기, 어릴 적 쓰던 올 스테인리스 김치통, 쌀을 계량하는 나무 됫박까지. 엄마의 찬장에는 오래됐지만, 다부진 살림살이가 가득했다.

특히 방짜 유기는 정말 오래된 살림이었다. 아빠는 할머니께서 새댁 시절부터 썼던 제기 그릇인데, 적어도 60년은 넘었을 거라고 했다. 그때가 여름이라 냉면 그릇을 사려고 했던 나는 방짜 유기가 무척 반가웠다. 지금은 파는 곳도 별로 없지만, 사려면 꽤 비싼 고급 그릇이니 말이다. 엄마와 남편 그리고 나 이렇게 셋이 앉아, 신문지에 약품을 묻혀 60년 묵은 때를 벅벅 닦아냈다. 까만 때가 지워지더니 광택이 나고 새것처럼 변한 그릇. 이 방짜 그릇을 발견하지 못했다면 새 그릇을 사기 위해 돈과 시간을 쓰고, 인터넷 구매를 했다면 택배 쓰레기도 만만치 않았을 거다. 무엇보다 3대째 내려오는 특별한 보물을 얻은 것 같아 뿌듯했다. 오래 쓸 좋은 살림을 골랐던 할머니, 쉽게 버리지 않는 엄마 덕분에 우리 부부는 쓰레기 하나 만들지 않고 고급 그릇이 생겼다.

엄마 집에서 가져온 델몬트 병에 나는 차를 우려 넣어둔다. 물병을 사려고 몇 번이나 마트에 갔지만, 요즘은 대부분 플라스틱이라 매번 빈손으로 돌아왔다. 작두콩 차를 우릴 큰 물병을 찾고 있었는데 델몬트 병을 얻게 된 것. 엄마가 준 병뚜껑에는 네임펜으로 쓴 '간장'이란 글씨가 아직도 남아 있다. 락앤락, 타파웨어 같은 용기가 흔하지 않던 시절, 델몬트 병은 만능이었다. 어느 날은 간장병으로 어느 날은 참깨병으로 액체와 곡류를 가리지 않고 변신했다. 아마 해외 주방용품 브랜드가 그 시절의 엄마들을 보았다면 한국 진출을 포기했을지 모른다.

'도대체 델몬트는 뭐지? 이 병 하나로 다 해결이니 여기서는 쪽박이군!'

한국 엄마들의 알뜰함에 놀라, 풀이 죽어 떠나는 비즈니스맨을 본 것만 같다. 슈퍼에서 산 주스병을 20여 년이 지나 딸에게까지 물려주니 말이다.

그녀들, 고쳐 쓰기 능력은 게임으로 치자면 '만렙'이다.

특히 손재주가 많은 우리 시어머니는 자투리 천, 종이 박스 하나 쉽게 버리는 법이 없다. 사은품으로 받은 에코백을 다시 재봉해 도시락 가방이나 수저 케이스를 만들기도 하고, 나와 시누이가 안 쓰는 천 가방을 가져가 자수를 놓아 더 예쁘게 쓰신다. 종이 가방, 전단도 그냥 버리지 않는다. 큰 종이 백은 포장지를 붙여 단단하게 만들어 옷장 수납함으로 쓰고 전단도 접어 작은 박스로 만들어 서랍을 정리할 때 쓴다. 보이지 않는 곳에 두니 모양은 별 상관이 없다. 사실 어릴 때, 이런 엄마들의 모습을 보면 '사면 되지 뭐 저렇게까지 하나?' 싶었다. 하지만 결혼을 하고 내 살림이 생기니 알게 되었다. 작은 수납함 하나도 돈이란 걸. 결혼 후 문득문득 엄마가 이해되는 순간을 만난다.

제로웨이스트의 핵심은 쓰레기를 만들지 않고 만든 쓰레기는 재활용하는 것. 세계적인 에코 트렌드를 우리 엄마들은 아주 예전부터 실천하고 있었다. 아침마다 방을 돌며 콘센트 체크하기, 쓰레기 봉지는 꾹꾹 눌러 꽉 채우기. 엄마들의 쓰레기 줄이기 팁은 말하자면 끝이 없다.

어느 날은 우리 집에 놀러 와 지퍼백을 안 쓰려는 나에게 엄마는 걱정스레 물었다.

"야야… 니 혹시 요즘 생활비 부족하나?"

정말 예상치 못한 엄마의 질문. 그 순간 한바탕 웃었지만, 내 모습에서 당신의 어렵던 시절을 본 것 같아 마음이 아프기도 했다. 취지는 다를지 몰라도 그 옛날 엄마의 살림은 배울 점이 많다. 쓰레기 줄이는 팁을 위해 책을 읽고 SNS 보는 것도 좋지만, 오늘 하루 엄마에게 전화를 걸어보는 건 어떨까? 엄마의 새댁 시절 이야기도 듣고 말이다.

제1원칙,
얄궂은 거 사지 않기

"아가씨, 이거 엔간해서는 절대 안 벗겨진다."

한창 살림살이를 채우던 결혼 초, 프라이팬을 사러 시장에 갔다 들은 말이다. 자취할 때 쓰던 팬은 몇 달이면 코팅이 벗겨졌는데, 벗겨지지 않는 프라이팬이 겨우 2만 원대라니! 이런 걸 몰랐던 내가 바보 같고 '역시 나는 살림 애송이'라며 망설임 없이 팬을 샀다.

그런데 딱 석 달 걸렸다. 코팅이 벗겨지기까지의 시간. 날카로운 도구를 쓰지 않고 보관도 주의했지만, 결국 코팅은 벗겨졌다. 자신 있게 말하는 사장님의 눈이 진실해 보였는데 그분은 그냥 눈이 예뻤던 분이었나 보다. 벗겨지지 않는 팬은 판타지였고, 돈을 쓰고 쓰레기를 만든 후에야 충동구매를 후회했다.

"얄궂은 거 좀 사지 마라. 돈도 버리고 다 쓰레기다!"

예전부터 엄마는 말했다. 물건은 돈을 좀 주더라도 좋은 걸 사야 하고, 멀리 보면 이게 아끼는 방법이라고. 살림해보니 그 말은 진리였다. 싼 가격, 화려한 광고에 혹해 산 것들은 금방 망가지거나 불편했다. 특히 자잘한 살림이 많은 부엌에서 이런 실수가 잦았다.

남편이 회사에서 공짜로 얻어 온 '에어프라이어'는 쓴 지 얼마 되지 않아 녹슨 바닥이 드러났다. 맥줏집에서 술기운에 사 온 잔은 설거지 몇 번에 로고가 사라졌고, 저렴해서 산 설거지 브러시는 털갈이하는 고양이처럼 모가 빠졌다. 저렴한 가격 때문에 샀지만 결국 시간도 돈도 낭비하는 꼴이 된 셈이다. 좋은 살림을 과감하게 사는 것도 살림력이라는 걸, 나는 꽤 많은 돈을 흩뿌린 후에야 알았다.

좋은 살림은 쓸수록 편하고 튼튼하며, 시간이 갈수록 정이 든다. 우리 집 수세미 거치대가 바로 그런 살림이다. 보통 싱크대에 두는 수세미 거치대는 플라스틱이나 실리콘 제품이 많은데, 시누이 집에 놀러 갔다가 깔끔한 스테인리스를 처음 보았다. 사이즈도 넉넉해 수세미, 비누, 브러시 등을 놓기에도 좋았고, 물 빠짐 받침이 있어 부엌 상판에 물이 떨어지지도 않았다.

"언니, 이거 어디 거예요? 진짜 좋다!"

보기에도 좋고 쓰기에도 효율적인 살림. 신이 나서 판매처

를 물어봤다. 그런데 문제는 가격이었다. 플라스틱 거치대는 싸게는 천 원 정도로 살 수 있었지만, 이 제품은 배송비를 포함하면 2만 원 중반대였다. 가격을 본 후 주문하는 내 손의 속도는 점점 느려졌다. 그걸 본 시누이 언니는 말했다.

"자주 쓸수록 좋은 거 써야 해."

엄마가 그랬던 것처럼 같은 말은 하는 언니. '너무 싼 것만 찾았더니 그게 낭비였다'며 결혼 초기 자신의 경험을 나누어줬다. 그 말에 용기를 얻어 '구매 버튼'을 눌렀고 그렇게 스테인리스 거치대는 우리 집 싱크대 위에 왔다. 벌써 1년째 사용 중이지만, 닦아놓으면 여전히 새것 같다. 좋은 제품은 말하지 않아도 금방 알아본다. 종종 인스타그램에 싱크대 사진을 올리면 두세 명은 꼭 이 거치대를 물어봐 뿌듯하다.

쓰레기를 줄이는 가장 좋은 방법은 애초에 쓰레기를 만들지 않는 것. 싸다고 예쁘다고 샀지만 결국 창고에 박혀버린 물건들이 너무 많다. 물건을 하나 들일 때도 꼼꼼하게 생각해봐야 한다. 오래 쓸 수 있는 좋은 물건인지를.

가끔 물건을 살 때 엄마에게 보여주면 어떨까 상상해본다. "아이고 야야, 얄궂다!" 하는 소리가 들리면 탈락. '얄궂은 거 사지 않기.' 쓰레기 줄이기 제1원칙이다.

맨손 설거지의
손맛

이상하게 들릴지 모르지만, 나는 살림을 고를 때 손에 닿는 '촉감'이 중요하다. 예를 들어 그런 살림이 있다. 만지면 마음이 차분해지고 손맛이 따뜻한 것들. 바스락한 소창 행주, 결이 좋은 나무 도마, 길든 리넨 타월. 닿는 순간 기분이 좋아지는 살림들이다.

천연 수세미와 설거지 비누도 촉감이 좋은 살림이다. 나는 이 두 가지를 만난 후 맨손 설거지의 참맛을 알았다. 아크릴 수세미와 액체 세제를 쓸 때는 이 재미를 전혀 알지 못했다. 처음에는 플라스틱 쓰레기를 줄여보려 썼지만, 지금은 만졌을 때의 느낌이 좋아 더 정이 들었다.

천연 수세미의 촉감은 마른 햇볕의 느낌. 식물 '수세미'를 수확해 햇볕에 말리면 고운 삼베 색의 설거지용 수세미가 된다.

말린 수세미는 물에 적시기 전까지 서걱서걱 소리가 나고 가슬가슬하다. 이때 느낌이 마치 마른 햇볕의 감촉 같다. 잘 마른 수세미를 보면 해가 잘 드는 시골 마당이 떠오른다. 공기 좋은 너른 마당에서 건강한 햇볕을 잔뜩 머금었을 수세미. 서걱서걱한 수세미를 만지면 햇볕 냄새가 올라오는 것만 같다.

물에 적신 수세미는 그 느낌이 또 새롭다. 물을 머금으면 젖은 해면처럼 유연해지고 부드러워진다. 거칠고 마른 수세미도 물에 적셔주면, 힘을 줘 그릇을 닦아도 될 만큼 부드러워진다. 또 적신 수세미에 비누를 묻히면 거품도 잘 난다. 손바닥에 올리고 쥐었다 펴면 '폭폭' 귀여운 거품이 올라온다. 아무리 천연이라도 거품이 나지 않으면 못 썼을 텐데, 색도 곱고 거품도 풍성하니 아무리 생각해도 천연 수세미를 안 쓸 이유가 없다.

천연 수세미는 우리 몸에도 좋은 살림이다. 아크릴 수세미를 사용할 때 특히 걱정됐던 미세 플라스틱. 종종 끊어지는 플라스틱 수세미 조각을 보면 보이지 않는 플라스틱은 얼마나 많을까 불안했다. 하지만 천연 수세미는 자연으로 돌아가는 완전한 식물. 입에 들어가도 자연스럽게 나오겠거니 생각하면 설거지하는 마음이 훨씬 편해졌다.

건조가 빠른 수세미는 세균이 번식하기 힘들고 항균 효과도 있다. 천연, 친환경이란 단어가 붙으면 비쌀 것 같지만 수세미는 예외. 나는 철원에서 재배되는 수세미를 사용하는데, 3덩이 가격이 6,500원이다. 이걸 또 반으로 잘라 쓰니 정확하게는 한 개에 천 원 가격. 가격도 좋고 누구나 쉽게 사용할 수 있어 선물하기도 좋다.

설거지 비누를 쓴 후 맨손 설거지의 '손맛'을 알았다. 비누를 만나기 전에는 꿈도 꾸지 못했던 일이다. 액체 세제를 쓸 때는 항상 고무장갑을 껴야 했는데, 종종 장갑 없이 설거지하면 손이 찢어질 듯 온종일 건조했다. 핸드크림을 발라도 쉽게 사라지지 않는 아려오는 아픔. 알고 보니 이건 액체 세제의 강한 세정 성분 때문이었다.

일반 액체 세제는 기름때를 한번에 지우기 위해 강한 화학 성분이 들어간다. 우리가 1년 동안 섭취하는 잔존 세제는 소주 잔 한 잔 정도. 손에 닿기만 해도 아팠던 그 세제를 먹었다고 생각하면 나는 괜히 배가 아파온다.

맨손 설거지의 재미는 뽀득뽀득한 그릇을 손끝으로 느끼며 씻는 데 있다. 수세미 거품으로 그릇을 닦고 헹궜을 때 드러나는 뽀득한 그릇이 너무 좋다. 남은 거품이 없는지 손끝으로 확인할 수 있어 더 깔끔한 맨손 설거지. 성분 좋은 비누를 사용하면 장갑 없이 설거지해도 손이 아프지 않다. 비누마다 차이는 있지만 대부분 핸드크림을 바르면 금방 괜찮아지는 정도. 내 몸에 좋은 것들은 손에 닿는 순간부터 건강한 느낌이 든다.

나의 촉감 예찬에는 근거가 있다. 실제로 우리 정서에 많은 영향을 주는 촉감. 최근에 본 기사에 따르면 차가운 잔보다 따뜻한 커피잔을 들었을 때, 딱딱한 바닥보다 푹신한 카펫 위에 있을 때 곁에 있는 대상을 더 긍정적으로 느낀다고 한다. 촉감 덕후로서 너무 공감했던 기사였다. 나는 일터이자 삶터인 주방을 따뜻한 것들로만 채우고 싶다. 차갑지도 뜨겁지도, 딱딱하지도 무르지도 않은 애매한 플라스틱 말고. 촉감이 좋은 살림을 들이는 건 나를 아끼는 법 중 하나다.

마음이 모가 난 듯 예민해질 때는 물을 틀고 설거지를 시작한다. 햇볕을 머금은 폭신폭신한 수세미와 손안에서 돌아가는 동글동글한 비누. 손에서 느껴지는 기분 좋은 느낌은 마음으로 전해진다. 잡생각 하나 없이 한바탕 설거지하고 나면 머리가 개운하다.

"저기압에는 역시 설거지야."

수세미 사용 TIP

수세미는 작게 쓰는 것보다 손에 쥐기 쉽게, 10~15cm 큰 통 덩어리로 사용하는 것을 추천한다. 중간 허리를 꺾어 그릇이나 접시를 잡고 닦으면 편하다. 종종 납작한 일반 수세미 모양처럼 쓰기 위해 모서리를 잘라 수세미를 펼쳐 사용하는 사람도 많다. 통 수세미가 어색하면 이 방법도 좋지만, 수세미가 빨리 해지는 것 같아 나는 통 수세미가 더 좋다.

천연수세미를 구매할 때는 '국산' 수세미에 표백, 재단 등 아무런 가공도 거치지 않은 통 수세미를 사는 걸 추천한다. 종종 압축하거나 표백한 수세미를 쓴 적도 있는데, 오히려 더 뻣뻣하거나 거품이 잘 나지 않는 경우가 있었다. 국산 수세미를 샀는데 조금 뻣뻣한 느낌이라면 사용 전 5분 이내로 삶아도 좋다. 삶은 수세미는 부드러워서 잡는 느낌도 좋고 거품도 더 잘난다.

국산 수세미를 검색하면 요즘은 인터넷에 여러 구매처가 나오고, 몇 년 전부터는 한살림에서 주로 사고 있다. 천연 수세미 안에 씨가 있다면 불량이 아니라 오히려 덤을 얻는 일이다. 수세미 자르다 쏟아진 씨를 화분이나 화단에 심어 직접 수세미 재배에 성공한 사람들도 꽤 있다. 식물 금손이라면 꼭 해보길!

설거지 비누는 소미지 제품을 쓰고 있다. 많은 사람이 추천해준 제품으로 색과 포장도 예뻐 선물하기에도 좋다. 웬만한 기름기는 설거지 한 번으로도 지워지고, 고기 구운 팬은 2번 정도 씻어내면 말끔하다. 성분도 좋고 거품도 풍성하다. 설거지 후에도 손이 아프거나 심각하게 건조하지 않다. 하지만 피부가 약한 편이라면 설거지 후 꼭 핸드크림을 바르자.

100% 천연 세제, 소프넛 열매

무환자나무 열매인 '소프넛'은 천연 계면활성제 사포닌 성분이 풍부해 천연 세제로 쓰인다. 거품이 잘 나고 세정 효과가 있어 주방 세제, 세탁 세제로 활용한다. 유해 성분 걱정 없는 100% 자연 성분으로 야채나 채소도 안심하고 씻을 수 있다.
소프넛으로 설거지를 하려면 병에 열매 10알 정도를 넣고 미지근한 물을 부어 하루동안 우려낸다. 우려낸 물을 적당히 붓고, 물을 틀어주면 풍성한 거품이 생긴다. 수세미에 거품을 적셔 그릇을 씻으면 되고, 세정력은 오염이 심한 그릇이 아니라면 대부분 잘 씻기는 편. 주방 비누와 병행해 사용해도 좋다. 우려낸 용액은 냉장보관을 추천한다.

쫄보의
비닐 없이 장보기

비닐 쓰레기가 가장 많이 생기는 날은 역시 장을 본 날. 남편과 2주에 한 번 장을 보는데, 준비 없이 장을 보면 그날은 '비닐 파티'가 열린다. 장바구니 없이 출발하면 우선 물건을 담을 큰 비닐을 사야 한다. 마트는 해산물, 고기, 야채, 과일 등 이미 모두 포장이 되어, 포장재 쓰레기만 해도 양이 엄청나다. 어떤 때는 장을 보는 것보다 집에 와서 쓰레기를 정리하는 게 더 힘들다.

쓰레기를 줄이자 마음먹고부터 장보기 전 몇 가지 준비를 한다. 우선 코스트코나 이케아에서 산 큰 장바구니를 챙기고, 야채나 과일을 담을 헌 비닐도 몇 개 챙긴다. 또 출출하면 간식을 살 수도 있으니 반찬통과 스테인리스 통도 넣는다. 마트는 이미 포장된 것이 많아, 내가 주로 가는 곳은 집 근처 재래시장. 처음에는 비닐을 쓰고 싶지 않아 방문했지만, 지금은 마트보다 식자재가 저렴하고 싱싱해 찾고 있다. 또 시장은 최고의 데이트 장소이기도 하다. 맛있는 시장 음식을 먹으며 걷다 보면, 부부가 아닌 커플일 때의 순간도 떠오른다.

처음에는 비닐 없이 장을 보는 일이 쉽지 않았다. 여기 물건을 담아달라며 용기를 내미는 일은, 마음의 용기도 필요했던 일. 남들과는 다른 행동으로 '예민한 사람'이 될까 걱정스러웠다. 실제로 물건을 사고 '여기에 담아주세요'라고 했을 때, 칭찬해주는 분도 많았지만 뭔가 불편한 기색을 표현하는 분들도 있었다. 앞에서도 말했지만 나는 은근 쫄보, 아니 대놓고 쫄보인 편이다. 상인분들의 작은 행동 하나하나에 움찔했고, 무심한 말투에 온종일 속상했던 때도 많다.

쫄보가 장군 되기는 어려워도 조금 덜한 쫄보로 개선은 되었다. 이제는 처음보다 가벼운 마음으로 내미는 '개인 용기'. 이렇게 되기까지는 여러 유형의 상인분들을 겪어보고 나만의 대처법이 생겼기 때문이다. 시장에서 만날 수 있는 사장님은 크게 세 가지 유형이 있다.

첫 번째 유형은, 칭찬해주는 사장님. '비닐은 따로 챙겨 왔어요' 하며 준비한 비닐을 내밀면, 바로 칭찬이 나오는 분들이다. "요즘 사람이 참 생각이 좋네." "새댁이 알뜰하고 낭비가 없다." 좋은 말을 쏟아 내주는 고마운 분들. 이런 분들이 생각보다 정말 많다. 칭찬해주시는 사장님을 만나면 빈 용기를 건네는 마음이 가볍고 뿌듯하다.

그럼 이런 사장님인지 알 수 있는 방법이 있을까? 안타깝지만 이런 분들을 알아보는 노하우는 없다. 내 재주가 부족한 것인지, 인상만으로는 칭찬에 후한 사장님을 찾을 수가 없었다. '저분 참 인심이 좋아 보여' 하면 오히려 불친절한 때도 있었고, '저 사장님은 좀 무서운데' 했지만, 너무 다정했던 분들도 많았다. 겪어보기 전에 판단하는 건 금물. 우선 부딪혀봐야 한다.

칭찬에 후한 사장님은 기억해놓는 게 좋다. 다음에 시장을 찾았을 때 좀더 쉽게 장을 볼 수도 있고, 기억력이 좋은 분들은 나를 알아보고 포장 없이 준비해주신다. 중요한 건 생각보다 칭찬 로봇 같은 따뜻한 사장님이 많다는 것. 너무 겁먹을 필요는 없다.

두 번째 유형은, 질문도 칭찬도 없는 심플한 사장님. 사실 이 유형이 내가 가장 좋아하는 유형이다. 칭찬해주시는 분들이 감사하긴 하지만, 가끔 너무 치켜세워 주시면 민망할 때가 있다.

특히 곁에 사람이 있을 때는 민망함이 더하다. 그래서 나는 질문도 칭찬도 없이 심플하게 담아주는 사장님이 가장 좋다.

시장에서 만난 대부분의 사장님이 이 유형에 속한다. 용기를 건네면 별다른 질문 없이 다른 손님과 똑같이 응대해주신다. 이런 분 중 은근 '츤데레'가 많다. 한번은 스테인리스 통에 닭강정을 담아달라고 했는데, 사장님이 너무 많이 담고 계셨다. 혹시 주문을 착각하신 건가 싶어 "사장님, 저 작은 거로 시켰어요" 말하니, "포장값도 아꼈는데 좀더 담았다"며 쿨하게 답해주셨다. 겉으로 표현하지 않아도 속으로는 세심한 배려를 하는 사람들이 참 많다.

세 번째 유형은, 그래도 '비닐에 넣어야 한다'는 사장님. 종종 챙겨 온 용기를 내밀면 가져가기 힘들고 맛이 없어진다며 계속 비닐을 권유하는 분들이 있다. 예를 들어 조개를 담아 달라 통을 내밀면 물이 샐 수도 있으니 그냥 비닐을 쓰라거나, 스테인리스는 음식이 빨리 식는다며 통을 보고도 스티로폼 박스를 꺼내는 분들이 있다. 이렇게 내 행동을 이해하지 못하는 분들을 만나면 종종 상처받았다. 정확하게 말하자면 용기를 내민 손이 너무 민망해졌다.

어느 날 이런 불편한 감정을 남편에게 말하니, 남편은 '그것 또한 배려'라고 했다.

"사장님 입장에서는 손님 가방이 젖을까 봐, 자기가 만든 음식이 식을까 하는 말이지. 너무 의미 부여하지 마."

듣고 보니 맞는 말이었다. 사장님 입장에서는 '손님'과 '자신의 상품'을 생각해서 나온 행동. 내 생각을 부정하는 게 아니라 그들은 그냥 '일'을 하고 있을 뿐이다. 이렇게 생각하니 마음이 가벼워졌고, 쓸데없는 감정 소모를 하지 않게 됐다. 이제는 '그래도 비닐을 쓰라'는 사장님을 만나면 정중히 이유를 설명한다. 특히 사장님이 걱정하는 부분이 무엇인지 파악하고, 그 부분을 안심시켜 드린다.

"이거 밀폐 용기라 물 안 새요, 사장님. 웬만하면 비닐을 안 쓰고 싶어요."

"사장님, 순대는 식어도 맛있던데요? 그냥 넣어주셔도 돼요."

생각해보면 조금은 다른 요청을 하는 내가 그분들도 당황스러울 수 있다. 세상에 얼마나 많은 다양한 손님이 있나. 혹시 특이한 손님이라 새로운 컴플레인이 생길까, 그냥 평소대로 하고 싶은 그 마음을 이제는 안다. 그리고 아직 다행히 무작정 불친절한 분을 만난 적은 없다.

비닐 한 장 쓰지 않고 장을 본 날은 그 기분이 정말 산뜻하다. 젖은 비닐, 스티로폼 접시, 랩 하나 없이 깔끔하게 정리되는 장바구니. 무언가 허전하면서도 말끔한 그때의 느낌은 정말 해 본 사람만이 알 수 있다.

"사장님, 여기 담아주세요."

요즘은 끝을 흐리지 않고, 분명하게 말한다. 이제는 안다. 생각보다 따뜻한 분들이 많고, 또 사람들은 나에게 생각보다 관심이 없다는 것도. 나 같은 쫄보도 했다. 이제 '용기' 내어 용기를 내밀어보자.

장보러 갈 때 사용하기 좋은 스테인리스 반찬통. 스테인리스 통은 가볍고 깨질 염려가 없어, 휴대하기 좋다. 해물, 생고기, 두부 등을 담아 올 때 쓰고 있다.

게으른 주부의
지퍼백 안 쓰는 법

신혼살림을 꾸릴 때 호기롭게 사지 않았던 '지퍼백'. 나름 쓰레기 좀 줄인다는 사람으로서 이건 안 써야지 했고, 또 그리 어려운 일 같지도 않아 자신 있게 제외한 품목이다. 하지만 내가 지퍼백을 주문하기까지 걸린 시간은 고작 2주일. 상상만 하던 살림 말고 '현실 살림'이 시작되니 깨달았다. 지퍼백은 엄청난 발명품이란 걸.

아직 둘만 사는 집이라 매일 남는 식자재가 많았고, 생각보다 더 지퍼백이 필요했다. 또 우리는 생활비를 아끼려고 곁에 사는 시누이네와 같이 장을 보는데, 장 본 음식을 나눌 때 지퍼백은 필수다. 사이즈도 다양한 지퍼백은 품이 넓은 엄마처럼 고기, 야채, 과일을 품어주고, 복잡한 냉장고 속에서도 유연한 물고기처럼 파고 들어간다. 1968년 지퍼백이 처음 대중화되었을 때, 〈VOGUE〉지에서는 이렇게 지퍼백을 극찬했다. "이건 없어서는 안 될 엄청난 물건"이라고. 정말 그랬다. 주부가 되어 만난 지퍼백은 헤어질 수 없을 것만 같은 살림이었다.

손이 많이 가는 만큼, 대체품 찾기가 정말 힘들었다. 살림을 시작한 지 한 달쯤 되었을 때, SNS로 다른 주부 선배님들께 조언을 구했다. 그때 많은 분들이 추천해주었던 방법은 반찬통을 활용하고 식자재를 일주일치만 적게 구매하기. 결론부터 말하자면 이 두 가지는 나에게는 맞지 않았다.

우선 나는 환경을 생각하는 주부이기 전에, 태생이 게으른 사람이다. 정확하게 말하면 애매하게 부지런한 사람이랄까? 아침마다 청소기를 돌리지만 걸레질은 귀찮고, 물건이 나와 있는 걸 못 보지만, 수납함 안은 카오스로 두는 애매한 살림꾼. 이런 나에게 지퍼백 대신 반찬통을 쓰고, 재료를 적게 사는 방법은 그리 쉬운 게 아니었다.

장 본 음식을 보관할 때 반찬통을 사용하면 재료를 통 사이즈에 맞게 손질해야 하거나, 때로는 마땅한 사이즈가 없어 결국 지퍼백을 꺼냈다. 예를 들어 대파, 부추 같은 긴 재료는 작게 손질하지 않으면 넣을 통이 없을 때가 많았다. 장 보고 온 날은 우선 소파부터 찾는 저질 체력인 나. 세심한 손질이 필요한 보관법은 쉽지 않았고 또 반찬통은 냉장고 자리를 비효율적으로 차지했다.

애초에 보관할 것이 없게 적게 장을 보는 두 번째 방법도 나에게는 어려웠다. 매주 전체적인 식단을 생각하고 장을 보는 건, 온라인 주문이라도 쉽지 않았다. 또 자주 장을 보면 필요하지 않은 것도 자주 사게 돼, 오히려 생활비가 더 나갔다. 마트 앱을 켜는 순간 정신이 혼미한 초보 주부에게 이 방법은 내공이 필요했다.

그래서 결국 나는 지퍼백을 쓰냐고? 대답하자면 뿌듯하게도 나는 이제 지퍼백이 필요 없는 주부가 됐다. 예전에 사둔 게 있지만 한 달에 한 장 쓸까 말까 한 정도. 지금부터 게으른 주부인 나도 할 수 있었던 지퍼백 대체 팁을 공유한다.

실리콘 백 활용하기

지퍼백을 대체하기 위해 출시된 '실리콘 백'이 있다. 지퍼백과 형태와 사용 방법이 비슷하고, 씻어서 사용하면 3,000번 이상 재사용할 수 있다.

나는 실리콘 백 다섯 개를 두고 사용하고 있다. 지퍼백을 쓰지 않기 위해 이런저런 방법을 시도해봤지만, 이 실리콘 백이 가장 좋았다. 지퍼백과 비슷해 냉장고 속 자리를 차지하지 않고, 사이즈도 다양해 여러 재료를 담을 수 있다. 이 백은 공인된 기관으로부터 고온으로 가열해도 유해 물질이 나오지 않는다는 인증을 받았다. 전자레인지, 식기세척기에도 사용할 수 있다. 그래도 의심 많은 나는 되도록 뜨거운 음식은 넣지 않는다.

실리콘 백이 완전한 친환경 소재라고는 할 수 없다. 일반적인 실리콘은 규소에 화학 공정을 더해 만든 인공 화합물. 유해 물질 테스트는 통과했지만, 자연으로 돌아가는 소재는 아니다. 하지만 내 경우에는 이런 실리콘 백이라도 써서 지퍼백 사용을 줄이는 게, 더 큰 부피의 쓰레기를 줄이는 방법이었다. 다른 방법을 사용했을 때는 결국 지퍼백을 꺼냈었지만, 실리콘 백이 생긴 후에는 거의 지퍼백을 쓰지 않는다. 일주일에 한 장만 써도 1년이면 대략 50장의 비닐을 쓰는 건데, 나는 실리콘 백이 훨씬 나은 선택이라 생각했다. 엄마가 되어서도 할머니가 되어서도 이 실리콘 백을 쓰며, 3000번 사용 횟수를 꾹 채워볼 생각이다.

공기와 닿아도 된다면 밀랍 랩

실리콘 백만큼 자주 쓰지는 않지만, 겉이 말라도 괜찮은 건 밀랍 랩을 사용한다. 밀랍 랩은 천 위에 벌집에서 추출한 왁스

를 발라 만든 것으로, 음식이나 그릇을 감쌀 때 주로 사용하는 제품이다. 랩 대신 사용할 수 있다고 해서 이름이 '밀랍 랩'. 끈적끈적한 밀랍이 밀착력이 좋긴 하지만, 비닐랩처럼 공기를 차단하지는 못한다. 그래서 껍질이 있는 과일이나 말라도 괜찮은 치즈를 보관할 때 주로 사용하고 있다.

밀랍 랩도 씻어서 다시 사용할 수 있는 다회용품으로, 사용한 후 흐르는 물에 가볍게 씻어 다시 쓸 수 있다. 밀착력이 떨어지면 밀랍을 녹여 발라주면 된다. 내가 자주 사용하는 건 주머니 형태의 밀랍 랩. 주머니 형식이라 내용물을 쉽게 넣을 수 있고 입구만 꼼꼼하게 닫아주면 된다. 일반적인 납작한 랩은 내용물에 맞게 밀착하고 접어야 하는데, 주머니는 그럴 필요가 없다.

밀랍 랩의 가장 큰 장점은 플라스틱도 화학 성분도 없는 친환경 제품이란 점이다. 하지만 비닐랩처럼 밀폐되지 않고, 따뜻한 손과 밀랍이 만나면 조금씩 묻어 나오기도 한다. 그래서 날이 더운 여름에는 휴대하지 않는다. 위스키를 좋아하는 남편은 하몽 안주를 보관할 때 요긴하게 쓰고 있다. (하몽 위 밀랍 랩을 걷을 때, 그 표정이 얼마나 설레 보이는지.)

마지막 팁은 길고 큰 플라스틱 용기를 한두 개를 두고, 실리콘 백에 넣기 힘든 대파나 미나리 같은 긴 재료를 보관하는 것. 이 세 가지가 게으른 주부인 나도 지퍼백을 끊을 수 있었던 방법들이다.

내게 '지퍼백은 안 쓰냐?'고 쉽게 물어보지 말길. 자신감에 찬 내가 무용담을 말하듯 긴 이야기를 시작할지도 모른다.

"내가 어떻게 지퍼백을 끊었냐면 말이야~"

마치 담배를 끊은 회사 부장님처럼.

오늘 밤,
행주를 삶는다는 건

'살림'의 사전적 정의는 '한 집안을 이루어 살아가는 일'. 나는 살림이란 단어를 참 좋아한다. 단어에서 느껴지는 온도가 좋다. '살림' 하면 정갈하게 정리된 부엌이 떠오르고, 밥솥에서 구수한 밥 냄새가 올라오는 느낌. '살림'을 말할 때 들리는 부드러운 울림소리도 좋다.

누구나 '살림' 하면 떠오르는 장면이 있을 것이다. 나는 부엌에서 행주 삶는 모습이 떠오른다. 주부가 되기 전, 자기 전 행주를 삶는 풍경이 바로 나의 '로망'. '삶으면 되지 그거 뭐 어려운 일이냐' 하겠지만, 삶고 싶은 '좋은 행주' 찾기는 생각보다 어려웠다. 나의 행주 삶기 로망은 소창 행주를 만난 후에야 실현할 수 있었다.

사실 처음에는 엄마가 챙겨준 일회용 행주를 썼다. 그냥 버리기도 아깝고 누군가에게 주기도 애매했던 양, 남은 것만 쓰고 다른 거로 바꾸자고 생각했는데, 역시 일회용품은 시작을 말아야 했다. 별생각 없이 쓴 일회용 행주는 너무 매력적이었다. 푹 젖어도 걸어 놓으면 금세 말랐고, 스치기만 해도 물기를 쏙 흡수했다. 결혼 후, 제때 설거지하는 일도 버거워지니 행주 삶기 로망은 점점 멀어졌다. 몇 번 쓰고 버리는 일회용 행주가 그리도 편했다.

간편한 일회용 행주에 익숙해지니 성에 차는 행주 찾기가 더 힘들어졌다. 다른 집에 갈 때마다 몇 가지 써봤지만, 결과는 모두 실패. 흡수가 잘 되면 마르는 게 더디고 잘 마르면 흡수가 안 됐다. 또 꽤 마음에 드는 것들은 모두 플라스틱 소재가 섞인 나일론 행주. 이럴 거면 그냥 일회용 행주를 또 살까 고민하는 그때, SNS 피드에 소창 행주가 보였다. 누군가가 소창 행주와 함께 나의 로망 '행주 삶기'를 하고 있었다. 아주 정갈한 모습으로.

소창은 천연 면직물로 옛날에는 아기 기저귀 면으로 자주 쓰였다. 특히 제로웨이스트를 실천하는 사람들이 이 소창을 좋아한다. 행주로도 좋지만 통기성이 좋아 손수건, 면 생리대 등 다양한 용도로도 쓰이는 소창. 결혼 전에도 알고 있었지만 잠시 이 존재를 잊고 있었다. 우연히 본 인스타그램 사진 한 장 덕에 나는 소창 행주를 만나게 됐다.

　소창의 가장 큰 장점은 잘 마른다는 것이다. 일회용 행주를 끊지 못한 이유가 바로 금방 마르는 것 때문이었다. 주방 살림을 해본 사람이라면 안다. 바짝 마른행주가 주는 그 깔끔한 기분. 젖은 행주는 마치 세균이 눈에 보이는 듯 찝찝하고, 기분 나쁘게 늘어지는 축축함도 싫다. 실제로 소창은 통기성이 좋아 세균 번식이 힘든 직물이다. 성글게 직조해 바람이 잘 통하고 잘 마른다. 아침에 씻어 걸어 놓으면 이른 오후쯤이면 빳빳하게 잘 말라 있다. 이 마른행주의 촉감이 좋아 사용한 행주는 바로 씻어 걸어 둔다. 잠시 귀찮다고 이 소소한 행복의 기회를 놓칠 수 없으니까.

소창의 또 다른 매력은 사용할수록 길이 든다는 것. 소창은 쓰면 쓸수록 부드러워지고, 흡수력은 더 좋아진다. 성글게 짜여 풀을 먹여 제작되는데, 삶을수록 이 풀이 빠져 부드러워진다. 이런 과정을 '정련'이라 한다. 원래 새 소창은 연한 감색이지만, 정련 과정을 거치고 삶아 쓸수록 점점 뽀얀 흰 천으로 변한다.

써도 써도 새것 같은 튼튼한 살림도 좋지만, 쓸 때마다 길이 드는 '손때 묻은 살림'은 더 정이 간다. 처음에는 모시처럼 빳빳했던 소창은 쓸수록 부드러워지고 주름이 생긴다. 내 손으로 짜고 삶고 말리며 생긴 자연스러운 구김들. 요즘은 새 행주가 있어도 길든 헌 행주에만 손이 간다.

삶을수록 뽀얗게 변하는 행주의 색을 보는 것도 재미있다. 써도 써도 쨍한 나일론 행주의 인위적인 색과는 근본이 다르다. 너무 누렇지도 그렇다고 화학 표백제를 쓴 듯 새하얗지도 않은, 그 애매하게 뽀얀 자연적인 색감이 나는 참 편안하다.

다 쓴 행주는 과탄산소다를 뿌려 뜨거운 물에 몇 시간 담가 놓은 뒤 씻어준다. 나의 로망 '행주 삶기'는 일주일에 한 번 잠들기 전이다. 살림에 냄새가 있다면 그건 행주 삶는 냄새가 아닐까? 빨래를 삶을 때 올라오는 따뜻한 수증기 냄새. 행주 삶는 냄새가 온 집 안을 채우면 오늘 하루도 잘 끝냈다는 안도감이 함께 퍼진다.

'한 집안을 이루어 살아가는 일, 살림.'

내 살림의 벗 행주를 삶는다는 건, 오늘도 별 탈 없이 집안을 잘 이끌었다는 뜻이다. 일회용 행주를 썼다면, 이 재미를 몰랐겠지. 글을 쓰는 지금 이 순간도 보글보글 행주를 삶고 있다. 따뜻한 수증기 냄새에 노곤노곤 잠이 온다.

쓸수록 '내'가 좋아지는 살림, 스텐팬

"오 이거 봐, 나 이제 진짜 잘하지?"

그런 살림이 있다. 이 물건이 좋기도 하지만 사실 이걸 쓰고 있는 '내 모습'이 좋아서 자꾸 쓰고 싶은 살림. 나에게 스텐팬이 그런 살림이다. 벌써 사용한 지 6년째인데 미끄러지는 계란 프라이를 볼 때면 여전히 남편을 불러 꼭 자랑해야 한다. 동글동글 계란 노른자가 터지지 않고 예쁘게 완성됐을 때는 더 놓칠 수 없지. 요리하는 바쁜 와중에도 굳이 핸드폰을 가져와 후다닥 영상을 남겨 SNS에 올려본다. #오늘도성공!

코팅팬을 끊고 스텐팬을 쓴 지 이제 6년차. 결혼 직후까지도 코팅팬을 썼는데, 어느 날 책을 보고 '이제 스텐팬을 써볼까?' 생각했다. 책은 생활 속 화학 물질에 대한 내용이었는데,

코팅팬이 좋지 않다는 말은 많이 들었지만 사실 그 이유가 무엇인지 몰랐고, 책을 읽기 전까지 찾아 볼 생각도 하지 않았다. 그때 우연히 책을 읽고 처음 알았다. 아무리 비싸고 좋은 코팅이라 해도 코팅팬에 발린 코팅은 모두 결국 '플라스틱'이고, 다들 코팅이 벗겨지는 것만 걱정하지 플라스틱 코팅이 가열되는 순간 올 수 있는 변화는 고려하지 않고 있다는 걸. 환경호르몬 걱정으로 반찬통도 바꾸고 생수병도 줄였으면서 매일 쓰는 팬은 너무 몰랐구나 싶었다. 마침 집에 혼수 가전을 사며 받은 사은품 스텐팬이 있었고, '한 번 써볼까?' 하는 가벼운 마음으로 꺼냈던 게 지금 벌써 6년차가 됐다.

집에 친구들이 놀러 왔을 때 우리집에 코팅냄비, 코팅팬이 하나도 없는 걸 알아차려주면 그렇게 반가울 수 없다. 나의 스텐팬 예찬을 시작할 수 있으니까! 누가 나에게 스텐팬이 뭐가 좋냐 묻는다면 항상 신나게 설명을 시작한다.

첫 번째는 막 써도 막 긁어도 10년 20년 오래오래 나와 함께 나이들 수 있는 살림이란 것. 코팅팬은 코팅 때문에 6개월, 1년 교체 주기가 있지만, 스텐팬은 엄청 큰 충격이나 특수한 경우가 아닌 이상 쉽게 녹이 생기지 않고 오랜 기간 쓸 수 있다. 엄마, 할머니가 쓰던 김치통, 스텐냄비, 스텐팬을 물려받아 수십 년째 쓰는 사람도 많다. 스크래치가 나면 바꿔야 하느냐는 질문이 꼭 따라오는데, 이건 스테인리스 소재에 들어가는 크롬이란 물질에 비밀이 있다. 스텐 속 크롬은 스크래치가 나면 부동태 피막을 저절로 만드는 능력이 있는데, 상처가 생겨도 피막을 형성해 부식이 생기지 않게 막아주는 원리이다. 그래서 옛날부터 스테인리스 소재는 음식을 다루는 부엌에서도 다양하게 쓰이고 있다.

오랜 시간에 걸쳐 내 손에서 길드는 살림이라 그럴까? 스텐은 분명 차가운 소재인데 무언가 따뜻함이 있다. 색도 향도 남지 않는 깔끔한 소재지만, 쓸 때마다 사용하는 사람의 손길과 맛이 배어나는 기분. 몇 개월 잠깐 부엌을 스쳐 지나가는 물건에서는 느낄 수 없는 멋이다. 벗겨졌는지 어떤 상태인지 파악이 힘든 코팅팬의 짙은 코팅보다, 설거지하다가 혹은 뒤집개를 쓰다가 남은 스텐팬 스크래치 자국은 오히려 나에게 안도감을 준다.

스텐팬의 두 번째 매력은 쓰면 쓸수록 '내'가 좋아지는 살림이란 거다. 쓸 때마다 '자존감'이 올라가는 느낌. 다만 오래 쓰고 소재도 건강하고 스텐팬이 다 좋은데, 시작할 때 약간의 기다림 '예열'이 필요하다. 우리 눈에 보이지는 않지만 스테인리스를 현미경으로 보면 아주 작은 요철들이 있는데, 이 요철 사이에 음식물이 끼이면 붙어버리기 때문에 열을 가해 스텐을 매끈하게 팽창시키는 과정이 필요하다. 스텐도 팬에 바른 오일도 열을 받아 서로 팽창하면, 코팅팬 코팅처럼 오일이 팬에 착 붙어 코팅 역할을 하는 원리. 이 예열을 많은 사람들이 어렵게 느끼지만 한두 번만 해보면 감이 오고, 예열 시간에 재료를 손질하는 여유도 장착하게 된다.

스텐팬을 예열하는 과정에 생긴 나만의 루틴과 리듬도 참 좋다. '오늘도 시작해 보지' 팬을 화구에 올리는 순간, 주방 공기도 내 마음도 차분하게 눌러주는 기분. 팬 위쪽에 손바닥을 펼쳐 온기가 올라오는 게 느껴지면 타이머를 맞춘다. 달궈지는 동안 오늘의 재료 준비 시작. 당근, 대파, 야채를 씻고 먹기 좋은 크기로 자르다 보면 '띠리링' 인덕션 타이머가 울린다. 그때 오일을 몇 바퀴 두르고 한 손으로 팬을 돌려 오일을 넓게 펼쳐 준다.

자글자글 딱 좋은 온도를 알리는 기름 물결이 보이면 오늘도 예열 성공. 계란을 올리는 순간 경쾌한 '치익' 소리가 공간을 채우고, 잠시 기다렸다 긴장하며 뒤집개로 살짝살짝 움직여 본다. 계란 프라이가 '똑' 떨어질 때 그때의 쾌감. 프라이가 춤을 추듯 팬 위에서 돌면 그렇게 뿌듯할 수가 없다. '오늘도 나를 위해 건강한 한 끼를 만들었다'는 스스로에게 느끼는 기특함. 밥만 했을 뿐인데 자존감이 올라가는 살림, 이게 바로 스텐팬의 진짜 매력이다.

"오빠, 이거 찍어줘! 이제는 전도 잘된다니까."

어제도 배추전을 올리고 한 번에 뒤집자마자 남편을 불렀다. 전은 아직도 가끔 실패하는 메뉴라 놓치지 않고 꼭 자랑해야 한다. 여전히 스텐팬을 쓰는 일은 기분 좋은 미션을 수행하는 기분이다. 쓰면 쓸수록 '내'가 좋아지는 살림 스텐팬, 매일의 식사가 조금 더 특별해질 거다.

예열 없이 쓰는 스텐팬 약불 TIP

최근 스텐팬을 예열하지 않아도 계란 같은 재료가 붙지 않는 방법을 알게 됐다.
뚜껑이 있는 팬이 있다면 효과 만점이다.

① 꺼낸 팬에 기름을 전체적으로 발라 준다(솔, 키친타월 모두 가능).
② 그리고 재료를 위에 올리고,
③ 이때부터! 약불 또는 중약불을 올려 뚜껑 닫아주면 끝.

이것만 주의해 주세요!
- 윗부분까지 살짝 익었을 때 뒤집기 시도하기.
  : 스텐은 익으면서 떨어지는 경우가 많아 기다림이 필요하다.
- 재료가 떨어진다 싶으면 그때부터 불을 좀 높여서 바삭하게 조리해도 좋다.
  : 이때부터는 코팅이 잘됐으니 어느 재료를 올려도 붙지 않게 쓸 수 있다.

욕실

정수리가 쎈 여자의 샴푸바 찾기

침대 옆 스탠드 조명을 켜고 남편과 누우면, 평소에는 못 보던 '점'이 보일 만큼 서로가 자세히 보인다. 온종일 회사 일에 치여, 조금 지쳐 보이는 남편. 목욕 후 뽀송뽀송해진 얼굴은 애잔하기도 또 귀엽기도 하다. 나도 몰랐던 모성애가 올라오는 그때, 그를 안아주러 다가가면 남편은 말한다.

"너 머리 언제 감았나?"

'너무 깔끔 떠는 것 아니냐?' '냉정한 것 아니냐' 할 수 있지만, 남편이 이렇게 된 데에는 다 이유가 있다. 그렇다. 남편은 나의 정수리에 트라우마가 있다. 내가 액체 샴푸 대신 샴푸바를 쓰고 나서 남편은 나의 정수리를 두려워한다.

처음 샴푸바를 쓴 건 트러블 때문이었다. 이전까지는 마트에서 파는 샴푸를 썼는데, 늘 두피 트러블을 안고 살았다. 얼굴에는 여드름이 없지만, 얼굴 피부와 두피 그 경계선에는 항상 여드름이 났다. 가렵고 아파 손을 대보면 어김없이 있던 땡땡한 뾰루지. '이건 그냥 달고 살아야 하나 봐' 체념하던 어느 날, 친구가 말했다.

"샴푸 바꿔봐. 나 유기농 샴푸 쓰고 따가운 게 싹 없어졌어."

샴푸에 정말 많은 화학 성분이 들어간다는 친구의 설명. 실제로 인터넷을 검색하니, 화학 물질을 걱정해 샴푸를 바꿨다는 사람이 많았다. 그때 마침 독일 여행을 계획하고 있었고, 성분 착한 샴푸바는 나의 쇼핑 목록 1순위로 올랐다. 다행히 독일에서 좋은 샵을 찾았고, 여행 이후 계속 샴푸바를 쓰고 있다.

신기하게 샴푸바를 쓰고 몸의 변화는 바로 나타났다. 평생을 안고 살았던 트러블이 일주일 만에 거의 사라진 것이다. 기쁘기도 했지만, 그 독한 걸 20년 넘게 사용했다니 내 몸에 쌓인 독소가 걱정됐다. 성분도 좋고 플라스틱 쓰레기도 없는 샴푸바의 매력에 나는 점점 빠져들었다.

하지만 문제가 있었다. 단점은 단 하나, 바로 향기. 인공향료 대신 천연 에센셜 오일이 들어간 샴푸바는 일반 샴푸보다 향이 덜하고 빨리 날아간다. 길을 걷다 샴푸 향이 코끝을 스치면 여자인 나도 고개를 돌려 본다. 그만큼 매력적인 샴푸 향. 일반 샴푸는 이 향을 위해 인공 향료를 쓰는데, 이 향료가 위험도가 꽤 높은 성분이다. 예민한 사람은 두통이나 발진이 날 수도 있는 정도. 향이 강할수록 트러블이 심했던 걸 보면 내 두피 트러블의 원인도 이게 아닐까 추측한다.

아침에 샴푸바로 머리를 감으면 오후는 괜찮지만, 저녁부터 스멀스멀 정수리 향이 올라온다. 하루는 같은 샴푸바를 쓰는 다른 사람들에게 물어봤다. 저녁쯤이면 머리 냄새가 나지 않는지.

"그래? 향이 짙진 않지만 자기 전까지 냄새는 안 나는데?"

그때 알았다. 나는 정수리에 기가 쎈 여자라는 걸. 아는 언니는 '괜찮아. 정수리는 톡 쏘아야 제맛이지!'라며 날 위로했지만, 전혀 위로되지 않았다. 나도 톡 쏘는 거 말고, 향긋한 사람이 되고 싶은데.

내가 샴푸바를 쓰고 가장 힘들어진 건 남편. 안타깝게도 우리 키 차이는 정확히 내 정수리가 남편 코끝에 닿을 정도다. 그리고 남편은 후각도 예민하다. 나와 달리 향수도 여러 개를 쓰는 사람인데, 남편은 저녁마다 올라오는 내 머리 향을 무척 힘들어했다. 몇 번 정면으로 정수리 공격을 당한 후, 내가 다가서면 본능적으로 얼굴을 뒤로 뺀다. 그 모습은 마치 무릎반사처럼 무의식적이고 날이 갈수록 재빨라졌다.

"샴푸바 좋은 것 좀 찾아봐, 제발!"

남편의 간곡한 부탁. 건강도 환경도 중요하지만, 하루를 마무리하는 남편의 따뜻한 포옹도 내게는 중요했다. 그렇게 남편을 위해 향이 좋은 샴푸바 찾기가 시작됐다. 해외 직구로 미국, 뉴질랜드 브랜드도 구해보고, 국내에서 제작되는 샴푸바도 여러 개 써봤다. 혹시 씻는 방법이 문제일까, 샴푸할 때 사용하는 빗도 샀다. 저녁이면 연구실이 되었던 우리 집. 남편은 자기 전 내 정수리 냄새를 체크하며 샴푸바 찾기를 도와줬다.

이쯤 되면 누군가는 말할 것이다.

'그래서 좋은 샴푸바가 뭔데!'

몇 달간의 샴푸바 찾기 여정에 대한 결과를 말하겠다. 성분도 좋고, 플라스틱 쓰레기도 없고, 향도 오래가는 샴푸바는 바로!

'없었음.'

여러 브랜드 비누를 써봤지만, 결과는 모두 실패였다. 거품, 세정력의 차이는 있어도 향은 대부분 은은했다. 어느 비누도 활발한 나의 정수리를 잠재울 수는 없었다. 결국 천연 향이 오래가는 샴푸바는 없었고, 대신 20년간 지켜온 나의 '아침 샴푸'를 포기해야 했다.

머리 손질을 위해 항상 아침에 머리를 감았던 나. 이제는 '저녁 샴푸'로 루틴을 바꿨다. 머리를 말리며 차를 마시는 게 나의 아침 일상이었는데 밤마다 힘들어하는 남편을 위해 이를 포기한 것. 남편이 나를 위해 물티슈를 포기해준 것처럼, 나도 남편을 위해 오래된 습관을 바꿔야 했다. '저녁 샴푸'는 생각보다는 괜찮았다. 머리 손질이 조금 힘들긴 하지만 아침 시간이 더 여유로워졌고, 깨끗한 머리카락으로 잠드는 것도 좋았다.

저녁에 머리를 감고 앉으면 남편은 시키지 않아도 다가와, 내 머리카락에 얼굴을 파묻는다.

"아, 향긋해! 이런 거 꼭 해보고 싶었잖아."

남들에게는 그 쉬운 일이 그에게는 참 어려웠다. 향긋한 향에 기분이 좋아진 남편을 보면 더 일찍 해줄 걸 하는 마음이 든다. 지금까지 내 정수리 향을 참아준 남편에게 짤막한 편지를 남겨본다.

To. 나의 남편

자기 전 팔베개를 해주는 일이 우리에게는 그렇게 어려웠네. 요즘 저녁마다 내 머리카락을 만지며 좋아하는 오빠를 보면, 진작 저녁에 감을 걸 후회된다. 이게 뭐라고. 정수리가 남다른 여자와 사느라 고생이 많아.

그때는 너무 섭섭했어. 내가 안아달라고 하면 팔만 앞으로 뻗고, 머리는 항상 뒤로 가 있었잖아. 건강을 위해 쓰는 샴푸바인데 이것 하나 이해를 못 해주나 싶었고, '그럼 저녁에 감아라'라는 말도 속상했지. 20년 넘은 습관을 바꾸자니 그것도 자존심 상했어.

근데 어느 날 그런 생각이 들었어. 생각해보면 오빠가 나를 위해 포기해주는 게 참 많다고. 내가 쓰레기를 줄이고 싶다고 말하고 나서, 오빠는 비닐봉지, 종이컵, 랩 등 익숙하게 쓰던 일회용품을 같이 쓰지 않았지. 오빠는 그럴 필요도 없는데 말이야. 이제는 나 대신 장바구니를 챙겨주는 모습을 보면 참 고마워. 오빠가 배려해주는 만큼 나도 노력할게.

그래도 샴푸바는 미워하지 말아줘. 건강한 이 녀석을 만난 덕분에 트러블도 없어지고, 우리 욕실도 더 예뻐졌잖아. 죄는 미워하되 사람은 미워하지 말라는 말 알지? 내 정수리를 미워하되, 샴푸바는 미워하지 말아줘. 지구에 좋은 일을 하는 아이야.

분명 또 부딪히는 일 생기겠지만, 앞으로도 현명하게 답을 찾는 부부가 되자.

P.S. 종종 감은 척하고 침대에 들어가서 미안해.
　　플라세보 효과인지 오빠도 모르더라.

자투리 비누 활용 방법

비누를 쓰고 작은 조각으로 남았을 때 2가지 방법으로 활용하고 있다. 첫 번째는 자투리 비누를 뜨거운 물로 충분히 불려 새 비누에 붙여 굳혀주면 작은 조각도 버리지 않고 끝까지 쓸 수 있다. 두 번째 방법은 천연 수세미 활용하기. 천연 수세미 구멍 사이로 자투리 비누를 넣어 욕실 청소할 때 잘 활용한다. 수세미를 물에 푹 적시기만 해도 충분히 거품이 나와 비누를 따로 묻힐 필요가 없다. 샤워 후 욕실을 나오기 전에, 비누 넣은 수세미로 욕실 선반을 한 번 닦고 나오는 게 루틴이 됐다.

그날을 바꿔준
면 생리대 예찬

"면 생리대 진짜 한번만 써보자."

친구들을 만나 생리대 이야기가 나오면, 내가 자주 하는 말이다.

제로웨이스트를 시작하고 단 한 번도 누군가에게 함께 쓰레기를 줄이자 권유하거나 설득한 적이 없다. 그냥 옳다고 생각하는 걸 혼자 행할 뿐. 혹시 내 권유가 강요가 될까 무서웠고, 또 환경보호에 대한 편견이 생길까 걱정됐다.

하지만 면 생리대는 예외다. 친구들을 만나면 '면 생리대는 써보자'며 적극적으로 말한다. 그만큼 면 생리대를 쓰기 전과 후, 내가 느낀 변화가 많았다. 처음에는 쓰레기를 줄여보려 사용하기 시작했지만, 지금은 내 건강을 위해서 절대 포기할 수 없는 생필품. 면 생리대의 좋은 점을 말하라면, 나는 신이 나서 말할 수 있다.

우선 생리통이 정말 많이 없어졌다. 생리통이 그렇게 심한 편은 아니지만, 생리 첫날은 진통제 두 알은 꼭 먹어야 할 만큼 통증이 있었다. 하지만 면 생리대를 사용한 후 진통제 없이 지나가는 달이 많아졌다. 아랫배가 묵직하고 허리가 아프긴 해도, 참을 수 있을 정도. 물론 컨디션에 따라 생리통이 심할 때도 있지만, 그 횟수가 확실히 줄었다.

가장 신기한 건 생리할 때마다 느껴진 '밑이 빠지는 듯한

느낌'이 사라졌다는 것이다. 면 생리대를 쓰고 가장 만족하는 부분이다. 여자라면 대부분 그 느낌을 안다. 밑으로 큰 덩어리가 빠지는 듯, 잡아당기는 듯한 뻐근한 느낌. 그것 때문에 걷다가도 잠시 멈춰 설 때가 있는데, 면 생리대를 사용한 후 이 느낌은 완전히 없어졌다. 신기하게도 블로그를 통해 이 사실을 공유하니, 나랑 같은 경험을 했다는 분들이 여럿 있었다. 동지를 만나면 믿음은 더욱더 깊어지는 법. 평생을 안고 살던 생리통이 옅어지니, 나의 면 생리대 사랑은 깊어질 수밖에 없었다.

면 생리대를 쓰고, 생리할 때 나던 특유의 악취와도 작별했다. 평소 향수를 좋아하지 않지만, 일회용 생리대를 쓸 때는 항상 작은 향수를 챙겨 다녔다. 혹시라도 예민한 사람들이 느낄까 봐 바지에 뿌렸던 향수. 사무실이나 회의실 등 밀폐된 공간에 들어가기 전에는 더 많이 향수를 뿌렸다.

그런데 면 생리대를 사용하고 이 악취가 없어졌다. 원래 생리혈 자체는 질병이 있지 않은 이상 피 냄새 외에 역한 냄새는 없다고 한다. 우리를 괴롭혔던 그 역한 냄새는 생리대의 화학물질과 혈이 만나, 그것이 부패하며 발생했던 것. 비닐로 만들어진 일반 생리대는 통기성이 좋지 않아 부패하기가 쉽다. 그에 비해 면 생리대는 화학 물질이 없고 습기도 잘 마른다. 여름날 손에 비닐을 쥐고 있는 것과 손수건을 쥐고 있는 상황을 생각해보면 이해하기 쉽다. 일회용 생리대를 쓸 때는 마치 무언가를 은폐하려는 듯, 화장실을 찾아 향수를 뿌려댔다. 마치 '생리라는 죄를 저지르는 사람'처럼.

습기가 잘 마르는 '면'이라 착용감도 좋다. 여름이면 더 두려워지는 생리 기간. 몸에 땀이 나면 비닐 생리대 착용은 답답하고 더 힘들어진다. 하지만 면 생리대를 쓴 후, 여름이 그리 무섭지 않다. 땀이 금방 말라, 일회용 생리대보다 훨씬 쾌적하다. 면 생리대를 쓰고 생각했다. 만약 아이를 낳는다면 여름에는 꼭 천 기저귀를 써주겠노라고. 뽀송뽀송한 면은 여름, 내 삶의 질을 훨씬 높여줬다.

집 안에 생리대 쓰레기를 둘 필요가 없는 것도 면 생리대의 큰 장점이다. 집 안 쓰레기통에 생리대가 있을 때의 그 찝찝함. 특히 푹푹 찌는 더운 여름에는 내 것인데도 쓰레기통 옆에 가기가 싫다. 그렇다고 쓰레기를 비우러 나가기는 더 귀찮고.

면 생리대는 사용한 뒤 바로 씻어 두니, 보관할 쓰레기가 없다. 종종 씻는 게 힘들 것 같아 쓰는 게 망설여진다는 친구들에게 나는 이렇게 말한다.

"속옷 갈아입는 거 귀찮아? 세수하는 거 귀찮아?"

그만큼 이제는 의식하지 못할 만큼 익숙해진 면 생리대. 처음에는 불편했던 것 같기도 한데, 이제는 속옷을 갈아입는 일처럼 자연스러운 일상이 되었다. 사용한 생리대는 차가운 물로 씻어 핏물을 빼고 세탁비누를 묻혀 과탄산소다를 넣은 물에 하루 정도 담가 둔다. 다른 빨래를 세탁할 때 함께 세탁기에 넣으면 끝. 첫 문턱만 넘으면 일상이 되는 건 쉽다. 겁먹지 말길. 씹는 게 귀찮아 견과류를 먹지 않는 게으른 나도 사용한다.

주부, 프리랜서가 아닌 직장인은 휴대가 어렵긴 하다. 다 쓴 면 생리대를 작은 비닐에 넣어 휴대하는 분들도 많지만 이게 쉽시 않은 일. 그래서 나는 친구들에게 집에 오기 전 그리고 집에 있는 동안만이라도 면 생리대를 사용하라 권한다. 피할 수 없다면 노출되는 시간이라도 줄여주고 싶은 마음. 내가 사랑하는 친구들은 그랬으면 좋겠다. 화학 성분이 들어 있는 비닐 말고, 더 안전한 것들로 자신을 지켰으면.

잔소리는 왠지 모르게 기분 나쁘고 조언은 더 기분 나쁜 거라지만, 나의 '면 생리대' 잔소리는 멈출 수가 없다. 이건 누가 말해준 것도 아니고 TV에서 본 것도 아닌, 내가 직접 느낀 변화이기 때문에. 이 글을 쓰는 김에 친구들에게 전화를 돌려봐야겠다.

"너 요즘 면 생리대 쓰니? 사주면 쓸래?"

Q. 면 생리대를 쓰면 진짜 생리통이 없어질까?

생리통이 나아졌다는 후기는 많지만, 사실 일회용 생리대가 특정 질환을 유발한다는 연구 결과는 아직 없다. 또 면 생리대로 바꿔도 생리통이 그대로라는 사람들도 있고. 다만 면 생리대를 만드는 브랜드에서도 이렇게 말한다. '생리통이 완화되는 현상은 화학 물질이 없고 착용감이 좋아, 신체 심리적 스트레스가 줄어 느껴지는 현상일 수 있다'고.

생리통과의 정확한 연관성은 없지만, 다른 분명한 사실들은 있다. 2017년 생리대 파동으로 사람들은 마트에서 파는 생리대 10종에서 유해 물질이 있다는 걸 알게 됐다. 최근에도 식품의약품안전처에서 126개의 여성용품을 조사한 결과, 인체에 유해한 정도는 아니지만, 다이옥신과 퓨란이 발견됐다고 한다. 기사에서는 생리 기간 동안 매일 7개씩 사용해도 유해하지 않다고는 하지만, 다이옥신이 있다는 사실 하나만으로 나는 불안하다.

Q. 얼마나 많은 생리대 쓰레기가 나올까?

여성환경연대가 발표한 자료를 보면 국내에서만 생리대 쓰레기가 연간 20억 개 정도 버려진다고 한다. 굳이 통계를 볼 것도 없이 내 경우만 따져봐도 엄청난 양. 지난 2년 동안 면 생리대를 쓰며 줄인 일회용 생리대의 양은 약 432개였다.

예전에는 하루 5개도 썼던 일회용 생리대. 양이 많은 첫날과 둘째 날은 거의 5~6개, 나머지 기간은 약 3~4개씩은 썼던 것 같다. 생리 기간을 6일로 잡고 그 기간 사용하는 양을 최소 18개 정도로 잡아보면, 1년이면 216개, 2년이면 무려 432개. 심지어 이 결과 안에는 종종 쓴 팬티라이너는 포함되지도 않는다. 지난 2년간 쓰지 않은 생리대를 생각하면 정말 뿌듯하다.

욕실에
비누 '네 마리'

다른 집과 다른 우리 집 욕실의 특징이 있다면 플라스틱 용기에 담긴 클렌저 대신 비누가 많다는 것. 세면대 옆에는 핸드워시 대신 비누가 걸려 있고, 욕조 위 선반에는 모두 다른 역할을 가진 비누 '네 마리'가 놓여 있다.

나는 귀여운 것들을 셀 때는 꼭 '마리'로 센다. 조카가 몇 명이냐 물으면, 나의 대답은 항상 "조카 두 마리요." 귀여운 걸 보면 마치 어린 강아지를 보듯 마음이 몽글몽글한데, 이 마음을 '한 개' '한 명'의 단위로는 절대 표현할 수가 없다. 귀여운 건 무조건 '마리'. 이렇게 해야 내가 느끼는 '귀여움'이 조금이나마 전해지는 것 같다.

비누를 '마리'로 세는 이유도 귀엽기 때문. 욕실 선반에 나란히 놓인 비누 네 마리가 나는 너무 귀엽다. 하나는 샴푸바 하

나는 린스바, 나머지 둘은 내 세안 비누와 남편 세안 비누. 그냥 놓여 있는 것 같아도, 각각 나름의 임무가 있는 진지한 녀석들이다.

동글동글한 비누 네 개가 쪼르륵 놓여 있으면 그 모습이 꽤 앙증맞다. 마치 강가에 다녀온 조카가 조약돌을 주워 올려놓은 듯한 풍경. 클렌징 제품을 비누로 바꾸면, 욕실 풍경은 좀 더 부드럽고 따뜻해진다. 처음에는 플라스틱을 피하고 싶어 쓰기 시작했지만, 이제는 이 '예쁜 맛' 때문에 놓을 수가 없다.

비누는 쓰면 쓸수록 모서리가 동글동글해진다. 각 잡힌 플라스틱 용기에서는 느낄 수 없는 곡선. 또 우리 집에는 파스텔톤 비누가 많아 욕실의 색감이 더 따뜻해졌다. 여러 가지 모양과 색이 있는 것도 비누의 큰 장점이다. 요즘은 비누 공방의 디자인 실력이 좋아 오브제처럼 그냥 놓아두고 싶은 비누도 많다. 그래서 다 쓴 비누를 교체하는 것도, 내게는 소소한 기쁨이다. '이번에는 어떤 비누를 써볼까?' 기분 좋게 그리고 꽤 진지하게 고민한다. 비누의 향과 색만 달라져도 공간의 느낌이 꽤 달라지니까.

이상하게 들릴지도 모르지만, 비누를 쓰고 내 몸의 촉감도 알게 됐다. 비누를 쓴 후 샤워볼과 타월은 거의 쓰지 않는다. 그 대신에 나는 비누를 손에 쥐고 온몸에 비누를 바르며 씻고 있다. 내 몸을 따라 미끈미끈 내려가는 비누의 느낌. 어릴 적 목욕탕에서 엄마가 씻겨주던 느낌이 떠오른다. 서서 양팔을 벌리면 엄마는 비누를 구석구석 몸에 발라줬다. 그다음 거품을 내고 헹궈내는 건 어린 내 몫. 이 기억 때문인지 비누를 몸에 바를 때, 내가 나를 아껴주는 것 같은 기분이다. 그 옛날 엄마의 손길처럼.

나는 비누의 솔직하고 뒤끝 없는 면도 좋다. 얼마나 남았는지 가늠하기 어려운 플라스틱 용기처럼 비누는 의뭉스럽지 않다. 쓰면 쓴 만큼 솔직하게 작아지는 비누. 여자라면 빈 샴푸통에 놀라 젖은 머리카락을 잡고, 새 샴푸를 찾아 헤맨 적이 있을 것이다. 하지만 샴푸바를 쓰면 이런 일은 거의 없다. 점점 작아지는 비누는 내게 준비할 시간을 준다.

비누는 제 역할을 다 하면 그냥 사라질 뿐, 뒤끝이 없다. 그에 비해 액체 샴푸와 바디 워시는 덕지덕지 흔적을 남긴다. 재활용을 위해 깨끗이 비우고 싶지만, 씻어도 씻어도 마르지 않는 샘처럼 거품이 나온다. 결국 너무 힘들어 적당히 씻고 찝찝하게 버릴 때가 많다. 요즘은 디자인에 신경 쓴 샴푸통도 많아 늘 다 쓰고 난 후 어떻게 처리할지 고민이 된다. 반면 비누는 동글동글한 인상과는 달리 끝이 쿨한 편. 흔적 하나 남기지 않고 그냥 서서히 사라진다.

이렇게 비누의 칭찬을 늘어놓지만, 솔직하게 말하면 비누를 홀대하던 시절이 있었다. 본격적으로 비누를 쓴 건 쓰레기를 줄이자 마음먹은 이후였다. 욕실 제품을 비누로 바꾼 지는, 사실 2년 정도밖에 되지 않았다. 아마 위에 칭찬을 보면 비누가 내게 이렇게 말할지도 모른다.

'웃겨. 너 나 싫다 했잖아?'

예전에는 명절 선물이나 답례품으로 비누를 받으면, 그냥 창고에 넣어 두거나 엄마를 줬다. 지금 생각하면 부끄럽지만, 그때는 세면대에는 핸드워시를 놓고 욕조에는 보디 클렌저를 놓는 게 당연하고 생각했다. 비누는 뭔가 올드하고, 뷰티 브랜드에서 나오는 클렌저가 더 세련되고 좋을 것 같았다. 저렴하고 대중적인 비누도 성분을 보면 그리 다를 게 없는데도 말이다. 얼굴 피부는 예민해 따로 세안 비누를 만들고 있지만, 손과 몸을 씻는 비누는 무엇으로 씻어도 큰 차이가 없었다. (클렌저를 바꾸는 것보다 내 피부는 목욕 후 보습 관리가 더 중요했다.)

천연 비누는 포장을 예쁘게 해 선물하기에도 좋고, 또 비누 '맛'을 알게 된 후에는 비누 선물만큼 반가운 게 없다. 브랜드 이름이 크게 박혀 있거나, 모양이 평범해도 상관없다. 왜냐하면 내가 비누를 깎아 새롭게 만들면 되니까. 이건 비누 공방에서 배운 팁인데, 그냥 집에서 쓰는 커터 칼로 조금만 잘라내도 비누의 느낌이 완전히 달라진다. (개인적으로 큐브 모양, 육각형으로 자르는 걸 좋아한다.) 지금 집에 평범한 비누가 있다면 바로 깎아보자. 기성품이 핸드메이드가 되는 마법을 경험할 수 있다.

오늘도 우리 집 욕실에는 비누 네 마리가 나란히 놓여 있다. 한 마리가 지우개처럼 작아져 있어 살펴보니, 남편의 세안 비누. 욕실에서 나를 귀찮게 부르기 전에 미리 바꿔놓아야지.

비누는 네 마리가 놓여 있을 때 가장 귀엽다. 귀여운 건 언제나 옳다.

비누 보관 & 휴대 팁

비누에 쉽게 도전 못하는 이유 중 하나는 쉽게 무르기 때문이다. 하지만 몇 가지 아이디어만 더하면 쉽게 무르지 않고 비누를 오래 쓸 수 있다. 일단 첫 번째는 비누에 플라스틱 병뚜껑을 꾹꾹 눌어 심으면 뚜껑이 비누 받침 역할을 한다. 항상 공중에 비누가 떠 있는 형태로 쓸 수 있어, 무르지 않게 하는 가장 확실한 방법이었다.

많은 사람들이 여행을 가거나 운동 다닐 때 비누 휴대를 고민한다. 내가 가장 잘 쓰는 방법은 밀폐 반찬통에 천연수세미를 펼쳐서 깔고, 그 위에 비누를 올려 휴대하는 방법이다. 통풍이 잘 되는 천연 수세미가 비누를 무르지 않게 바닥에서 띄워주고 밀폐용기라 물기도 새지 않는다. 단 집에 돌아오면 꼭 뚜껑을 열어 말려주는 게 중요하다.

거실 & 옷방

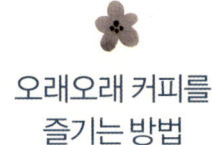

오래오래 커피를 즐기는 방법

　남편이 출근한 오전 7시, 나의 살림이 시작되는 시간. 가장 먼저 하는 일은 자기 전에 돌린 식기세척기 속 그릇 꺼내기. 건조 기능이 있지만, 그릇에는 항상 조금씩 물기가 남아 있다. 마른행주로 물기를 닦고 그릇과 냄비를 제자리에 차곡차곡 넣는다.

　다음은 환기와 청소. 밤새 쌓인 안 좋은 공기는, 그 묵직함이 피부로 느껴진다. 창문을 열어 묵은 공기를 내보내면, 그 빈자리에 상쾌한 아침 공기가 들어온다. 이 공기를 코로 깊게 들이마시면 속도 깨어나는 느낌. 청소기를 가져와 부엌부터 돌리기 시작한다.

　산뜻한 기분으로 시작한 집안일도, 계속해서 할 일이 보이면 점점 마음이 삐뚤어진다. '둘이 사는 집에 뭐 이리 일이 많을까?' '해도 해도 티가 안 나는 게 청소지' '남편이 이 고생을 알아주기는 할까?' 결국, 나쁜 생각이 올라올 때쯤 슬슬 끝이 보이는 집안일. 살림도 결국 일이고 노동이다. 행주 빨기, 세탁, 먼지 털기 등 해도 해도 자잘한 일이 보이면, 내 존재마저 자잘해지는 기분이 든다.

크고 작은 집안일을 마치고 나면 원두를 꺼내 커피 내릴 준비를 한다. 깔끔하게 정돈된 집에 퍼지는 부드러운 커피 향. 뾰족한 감정들이 커피 향 하나에 모두 흩어진다. 따뜻한 커피잔을 들고 거실 테이블에 오면, 오늘 아침도 부지런했던 내가 보인다. 반짝반짝 빛이 나는 싱크대와 올려진 것 하나 없는 깔끔한 부엌.

'아, 역시 청소를 해야 하루가 좋아.'

연하게 내린 커피 한 모금을 마신다. 따뜻한 커피가 혈관을 따라 퍼지면 몸의 긴장도 풀리는 기분. 이 커피 한 잔에 오늘도 살림하기 좋은 날이 된다.

커피도 쓰레기 없이 즐기기 위한 나만의 방법이 있다. 그건 바로 스테인리스 커피 필터. 결혼 전까지 종이 필터로 커피를 내렸는데, 신혼 살림을 장만하며 스테인리스 필터를 샀다. 깔때기 모양의 필터에는 미세한 구멍이 있어, 원두 가루를 넣고 커피를 추출할 수 있다. 재질이 스테인리스라 보기에도 모던하고 심플

한 편. 부엌 한쪽에 무심하게 두면 우아한 존재감이 있다.

종이 필터는 일회용이지만, 스테인리스는 여러 번 아니 망가질 때까지 쓸 수 있다. 종이 필터보다 사용도 간편한 스테인리스 필터. 종이 필터는 드리퍼에 맞게 종이를 접어야 하지만 스테인리스는 그럴 필요가 없다. 쓰고 나서 원두 찌꺼기만 탈탈 털어 쓰레기통에 넣어 주면 끝. 종이 필터처럼 일회용품이 아니니, 때마다 사서 챙겨 둬야 하는 수고로움도 없다.

중요한 건 역시 커피 맛. 개인 차이가 있겠지만 나는 스테인리스 필터로 내렸을 때의 묵직한 커피 맛도 좋다. 스테인리스 필터는 종이 필터보다 틈이 커서, 종이에서는 걸러지는 지방 같은 성분이 그대로 추출된다. 깔끔함보다는 조금 더 묵직한 느낌이랄까? 종이 필터와는 확실히 다른 맛이 있다. 하지만 작은 커피 가루 등이 같이 나와 좋지 않은 맛이 날 수도 있어, 커피 맛에 예민한 사람이라면 신중히 구매해야 한다. 커피를 정말 좋아하고 여유가 된다면 반자동 머신이 가장 좋다.

최근에는 패키지 없이 원두를 살 수 있는 카페도 찾았다. 보통 종이 패키지에 포장되는 원두. 이 카페에서는 로스팅 원두를 바로 갈아 내 용기에 담아 올 수 있다. 원래 이렇게 파는 카페는 아닌데, 직접 로스팅을 한다는 문구를 보고 물어봤다.

"사장님, 개인 용기 가져오면 담아주실 수 있나요?"

그러자 "당연하죠!"라며 흔쾌하게 돌아온 답변. 원두가 필요하면 이 카페를 찾는데, 카페가 아닌 방앗간을 찾는 느낌이다. 곱게 갈린 신선한 원두를 유리병에 담아 오면 참기름을 짜오던 엄마가 생각난다.

"가족들 모두 나가고 오전 10시에는 상큼하게 산미 있는 커피, 나른한 오후에는 고소하고 진한 라떼가 좋더라."

언제 마시는 커피가 맛있나 물어보니 아는 언니는 이렇게 대답했다. 커피를 좋아하는 사람이라면 유독 커피가 당기는 시간이 있는 법. 그 시간은 주로 여유를 즐기고 싶을 때다.

커피를 마시고 나서 버릴 것이 없으면 그 여유를 좀더 오래 간직할 수 있다. 스테인리스 커피 필터와 직접 받아오는 원두, 커피 한 잔의 여유를 늘리는 나만의 방법이다.

스테인레스 커피 캡슐이 있다?

최근에 캡슐 커피 머신에 사용할 수 있는 스테인리스 캡슐을 찾았다. 커피 머신에 사용되는 캡슐은 재활용이 힘든 플라스틱으로, 독일 함부르크에서는 시의회 건물에서 사용하는 걸 금지하기도 했다.

스테인리스 캡슐은 원두를 채워 넣고 사용한 뒤, 추출한 원두를 버리고 세척만 하면 다시 사용할 수 있는 다회용품. 혹시 플라스틱 쓰레기 때문에 캡슐 머신 구매를 고민하고 있다면 이 캡슐을 추천한다. 일리, 네스프레소 브랜드별로 모두 시중에 나와 있다. 단, 사용해보니 내가 원하는 커피 맛을 내기 위한 적당한 탬핑 정도, 원두 크기 등을 찾는 적응 기간이 필요하다.

광장시장
데프콘을 꿈꾸며

세계적으로 유명한 남성복 디자이너 '키코 코스타디노브'는 한국의 '이곳'을 방문하고 SNS에 극찬을 남겼다. 그의 말에 따르면 이곳은 과감한 믹스매치의 정석, 거침없는 스타일링, 한계가 없는 컬러매치를 보여주는 패션피플의 거리이고, 영감이 넘치는 패션 명소라고. 그는 이런 글귀와 함께 거리 사진을 올리기도 했다. 'BEST STREET IN THE WORLD.'

요즘 가장 '힙'하다는 젊은 디자이너가 선택한 최고의 거리는 홍대도 가로수길도, 명품 샵이 즐비한 청담동도 아니었다. 그곳은 바로 아재 패션의 성지 '동묘'. 그가 올린 인스타그램 사진 속에는 등산복 바지 위에 정장 재킷, 체크 셔츠에 뜬금없는 토시, 명치까지 끌어올린 배 바지 등 구제로 멋을 낸 우리 아재들이 있었고, 이런 동묘는 그에게 영감이 솟는 새로운 세계였다.

우리의 전통 빈티지가 세계적인 인물에게 인정받다니. 그동안 삼촌들을 만나면 '바지 좀 내려 입어주면 좋겠다', '셔츠 색이 왜 그러냐' 핀잔을 준 내가 생각나 웃음이 난다. 패션의 거장들에게 나 따위가 조언을 한 건가?

과감한 컬러 매치를 보여주는 그분들만큼은 아니지만, 나도 빈티지 쇼핑을 즐긴다. 사실 빈티지의 매력을 알게 된 건 그리 오래되지 않았다. 옷 낭비를 줄이기 위해 도전해보고 싶었지만, 방법을 몰라 쉽지 않았던 쇼핑. 배정남, 려원 같은 연예인을 보고 동묘도 가봤지만, 그 예쁜 옷들이 내 눈에는 보이지 않았다. 어떤 매장에서, 어떻게 하면 예쁜 옷을, 특히 어떤 옷을 구제로 사야 이득인지 전혀 감이 잡히지 않았다. 산처럼 쌓인 동묘 옷더미는 마치 에베레스트 같았다. 나 같은 패션 애송이는 절대 정복할 수 없는 그런 산.

하지만 이제는 계절이 바뀔 때마다 남편과 함께 빈티지 사냥을 나선다. 먼지가 묻어도 괜찮은 편한 옷을 입고, 흥정하기 좋은 단위로 현금도 챙겨서(오천 원밖에 없는데 천 원 깎아주시면 안 돼요? 뭐 이런 방법) 이제는 겹겹이 쌓인 행거에서 8만 원 같은 8천 원짜리 원피스를 고르는 안목도 생겼다.

지드래곤을 동묘로 이끈 힙합 비둘기 데프콘처럼, 소소한 빈티지 쇼핑 팁을 나눠본다. 단, 정말 소소할 수 있다.

동묘보다는 광장시장

내가 즐겨 찾는 빈티지 시장은 동묘가 아닌 광장시장. 동묘보다 광장시장을 좋아하는 이유는 쇼핑하기가 좀더 수월하기 때문이다. 광장시장에는 따로 구제 상가가 있는데, 이 상가 안에 여러 빈티지 샵이 모여 있다. 반면 동묘는 시장 자체도 크고 옷가게와 의류 노점이 흩어져 있다. 동묘가 익숙한 사람과 함께 쇼핑한다면 모르겠지만, 초보자에게는 옷 가게 찾는 일부터 도전일 수 있다.

광장시장 구제 상가는 시장 안내판을 보고 쉽게 찾을 수 있다. 구제 상가 안에는 빈티지 의류뿐 아니라, 가방, 신발, 액세서리 들이 모여 있어 구경하는 재미가 크다. 옷이 쌓여 있지 않고 매장마다 옷걸이에 걸려 있어 보기도 좋다. 단 빽빽하게 걸려 있어 제대로 보려면 힘을 좀 써야 한다. 보고 싶은 옷 한 장을 꺼내려면 다른 옷 20장을 먼저 들어내야 하니까.

가격은 동묘보다는 살짝 높은 편. 동묘에서는 도매로 받은 재고를 그대로 펼쳐 싸게 파는 곳이 많지만, 광장시장은 상인들의 선택을 한 번 거쳐 진열된 제품이 많은 것 같다. 품이 들어가니 가격이 조금 더 나가지만, 대신 입을 만한 옷을 좀더 쉽게 찾을 수 있다.

'집에서 자주 입는 옷'은 빈티지로

우리 부부는 주로 집에서 입는 옷을 빈티지로 구매한다. 그런 옷이 있다. 너무 자주 입고 잘 해져 매년 구매해야 하는 옷들. 남편에게는 티셔츠가 내게는 여름 원피스가 그런 옷이다.

땀이 많은 남편은 여름에 특히 티셔츠가 많이 필요하다. 자주 입어 목도 늘어나고 땀으로 색도 바래는 티셔츠. 한 번은 2+1 마트 티셔츠만 입는 남편이 안쓰러워 말해봤다. '비싸고 예쁜 것도 좀 사라고.' 그럴 때마다 남편의 대답은 NO. 자주 입고 해져

버릴 옷인데, 큰돈 쓰기도 싫고 편하게 입고 싶다고 말했다. 이런 남편에게 광장시장은 구세주. 다양한 디자인의 티셔츠를 저렴한 가격에 구매할 수 있는 곳은 광장시장만 한 곳이 없다.

우선 디자인이 정말 다양하다. 상가에 들어서면 보인다. 알록달록한 티셔츠가 빼곡히 걸린 행거들이. 여러 나라에서 온 티셔츠는 디자인도 색도 핏도 다양하고, 잘 찾으면 여전히 목이 짱짱한 원단이 좋은 것들도 많다.

티셔츠의 유래를 찾아 보는 것도 쇼핑의 재미. 티셔츠에 적힌 문구를 검색하다 보면 미국 대학 이름도 나오고, 농구팀 이름도 나온다. (외국 욕이 나온 적도 있다.) 어떤 사람들이 어떤 때 입은 옷일까 상상하면 뭔가 더 독특하게 느껴지는 기분. 오래된 힙합 가수 이름이 적힌 티셔츠를 입으면 괜히 그루브를 타며 걷고 싶다. 이 옷을 입었던 '소울풀'한 누군가를 떠올리며.

하지만 역시 가장 큰 장점은 '저렴한 중고란 것'. 우선 가격이 저렴하다. SPA 브랜드에서도 흰 면티는 평균 3장에 만 오천 원인데, 광장시장에서는 색도 그림도 있는 멋진 티셔츠가 한 장에 5천 원 정도. 하지만 구제도 가격과 브랜드 검색은 필수다. 한번은 새 제품이 5천 원인 티셔츠를 중고로 4천 원에 산 적도 있다. 남편이 얼마나 후회를 하던지.

옷은 소모품. 더 입지 못하는 옷을 버릴 때마다 참 아까운데, 빈티지로 산 제품은 그 죄스러움이 조금 덜하다. 여러 사람을 거쳐 충분히 입었던 옷이고, 또 새옷을 사지 않아 아낀 쓰레기가 있으니까. 그래서 집에서 자주 입는 옷들은 웬만하면 중고로 사려 한다. 물론 빈티지도 아껴 입어야 하겠지만.

쇼핑 전 '공략 품목' 정하기

구제 시장에는 옷이 정말 많다. 제대로 보지도 못할 만큼 빼곡히 걸려 있는 옷. 처음 구제 시장을 가는 사람은 너무 많은 옷에 압도돼, 구경도 다 못 하고 돌아오기도 한다.

그래서 한 가지 팁을 주자면, 쇼핑하러 가기 전 오늘의 '공략 품목'을 정해야 한다. 재킷이면 재킷, 원피스면 원피스, '내가 오늘 이거 하나는 꼭 찾는다'는 마음을 먹도록 '이거'를 정할 필요가 있다.

시장을 돌아다니면 상인들이 묻는다. "찾으시는 물건 있으세요?" 이렇게 묻는 건 고객이 찾는 '품목'을 파악하기 위해서다. 백화점처럼 전체적으로 물건을 보여줄 수 없으니, 필요한 게 있다면 그 제품군만 효율적으로 보여준다.

쇼핑 전 인스타그램 해시태그 검색을 하는 것도 좋은 방법이다. '광장시장구제상가'를 검색하면 지금 시장에서 팔고 있는 여러 제품을 볼 수 있다. 마음에 드는 게 있다면 잊기 전에 그 순간 캡처. 나중에 저장해놓은 사진을 사장님께 보여주면 비슷한 스타일의 제품을 찾아준다. 어렴풋이 옷 색깔만 보이는 빼곡한 행거에서 사장님은 내가 원하는 제품을 한번에 뽑아준다. 재고를 찾는 백화점 바코드 따위 이곳에서는 전혀 필요치 않다. 사장님의 숙련된 전자두뇌면 충분하다.

어느 순간 계절이 변할 때마다 찾았던 ZARA, 유니클로 같은 SPA 브랜드. 패스트패션이 발달하면서 국내에 버려지는 옷도 급격히 늘었다. 2013년 하루 평균 139톤이던 의류 폐기물은 2014년 약 214톤으로 급증했다. 심각한 문제는 이런 옷 대부분이 합성섬유라 플라스틱처럼 썩지 않는다는 것이다.

내가 할 수 있는 건 하나를 사도 오래 입을 옷을 사고, 종종 즐겁게 빈티지를 즐기는 일. 따뜻한 봄이 다가오면 야금야금 모아 둔 현금을 들고, 광장시장 데이트를 나서야지. 누군가가 입었던 옷이면 어떠하리. 어느 멋진 배우가, 마음껏 인생을 즐긴 백만장자가 입었을지도 모를 옷인데. 아, 이번에는 동묘로 떠나 볼까? 디자이너 '키코 코스타디노브'가 뽑은 세계 최고의 패션거리로.

품질 좋은 중고의류를 구하는 방법 '빈티지샵'

2025년 개정판을 쓰는 지금, 여전히 새 옷을 사는 일이 더 많지만 종종 중고의류를 계속 구매하고 있다. 예전과 달라진 점은 이제는 동묘, 광장시장 보다는 구제 상품이 미리 선별 분류된 빈티지샵과 온라인중고장터를 이용한다는 것.

즐겨 가는 중고의류 빈티지샵은 '마켓인유'라는 곳이다. 성수, 홍대, 연남동에 매장이 있고, 가끔 백화점 팝업행사도 진행한다. 해외에서 수입한 중고의류를 세탁, 검수하여 'Better than new'라는 슬로건 아래 다시 입는 옷의 매력을 알려주는 곳이다. 동묘보다는 좀 더 깔끔한 의류를 구할 수 있고, 카테고리별로 잘 분류되어 내가 원하는 스타일을 찾기 쉽다. 이제는 구하기 어려운 브랜드 옷을 만 원대로 저렴하게 산 적도 여러 번. 여기서 산 옷을 입고 찍은 사진을 보고, 구독자 분들이 정보를 문의하면 새 옷보다 마음이 훨씬 뿌듯하다.

남편은 옷을 좋아하고 패션에 대해 아는 것도 많은데, 요즘 내 옷을 '번개장터'에서 구매해주는 경우가 꽤 있다. 알고 보니 패션을 사랑하는 사람들 사이에 번개장터 리셀이 활발하다고 한다. 그래서 값이 꽤 나가는 브랜드 제품도 거의 반값으로 살 때도 있고, 구하기 어려운 한정판 제품도 번개장터에서 구한다.

나는
보자기 도둑

"엄마 집에 보자기 있나? 꼭 챙겨놔."

결혼한 딸은 '딸'이 아니라 '도둑'이라는 말. 결혼 전, 나는 절대 아닐 거로 생각했지만 옛말은 틀린 게 없다. 집에만 오면 뭐든 가져가려는 오빠에게 "뺏을 게 없어 엄마 걸 뺏냐." 타박을 줬던 내가, 이제는 더 큰 도둑이 되었다. 먹이를 찾는 미어캣처럼 친정만 가면 그렇게 두리번거린다.

좀 속된 표현이지만 '훔치다'는 경상도 말로 '쌔비다'. 음식, 반찬, 건강식품 등 친정에서 정말 많은 걸 '쌔벼오는' 나지만, 그중 매번 빠뜨리지 않고 쌔비는 게 '보자기'다. 명절이면 선물 포장으로 많이 쓰는 그 보자기가 내가 가장 많이 가져오는 친정 물건이다. 아니, 약탈품이라 해야 하나?

명절 선물로 들어오는 금빛 보자기, 어릴 적 살포시 밥상을 덮었던 삼베 보자기, 작은 자투리 천이 이어 붙여진 조각보 등 오래전부터 엄마에게는 항상 보자기가 있었다. 곁에 있어도 관심 한번 주지 않았던 이 보자기가 이제는 없어서 못 쓰는 물건이 되었다. 버리지 않는 삶에 관심을 가지니 옛 보자기들이 자연스럽게 보였다.

일본도 비슷한 문화가 있긴 하지만 우리나라처럼 보자기를 다방면으로 활용하지는 않았다. 밥상보, 보부상보, 빨랫보, 책보, 예단보, 함보 등 용도에 따라 붙여진 이름만 해도 셀 수 없을 정도. 궁중에서 사용되는 건 궁보, 서민이 사용하는 건 민보로 귀천을 떠나 모두가 사용했던 단단한 우리의 전통이다.

'간소한 삶'이 주목받으며 다시 이 보자기를 쓰는 사람이 늘고 있다. 나도 그런 사람 중 하나. 어느 날 우연히 유튜브에서 보자기로 손가방을 만들고, 포장하는 영상을 봤다. 때마침 신혼집을 정리하며 수납함을 찾고 있었던 나.

"왜 이제 생각났지?"

생각해보니 보자기만큼 좋은 정리 용품은 없었고, 흥분된 목소리로 지원군에게 전화를 걸었다.

"엄마, 집에 안 쓰는 보자기 다 보내줘!"

보자기는 최고의 노플라스틱 정리 용품. 우리 집 옷장 곳곳에는 고운 빛깔의 보자기가 숨어 있다. 철 지난 이불, 침구 커버를 정리하기에 보자기만 한 게 없다. 우선 플라스틱 함처럼 딱딱하지 않아, 공간 활용이 좋다. 꽉 찬 옷장도 비집고 들어가 한 자리를 차지하고, 내 힘만 좋으면 산만 한 겨울 이불도 납작하게 만들어준다. 일반 수납함보다 모양새도 좋다. 요즘 말로 레트로 감성이랄까? 장 안에 차곡차곡 쌓여 있는 보자기 짐을 보면, 델몬트 병에 든 구수한 보리차 한 잔이 당긴다. 먹음직스러운 왕 만두 같기도 하고.

보자기를 발견하지 못했다면 나는 아마 겨울옷을 넣을 비닐 압축 팩을 더 많이 샀을 거다. 유연한 보자기는 압축 팩만큼은 아니지만, 부피를 많이 줄여준다. 압축 팩은 시간이 갈수록 공기가 새는 불량도 많지만, 보자기의 불량률은 0%. 내 손아귀만 불량이 아니라면, 언제나 만족스러운 정리 도구다. 또 통풍이 잘되니 가죽옷이나 니트를 덮어주기에도 좋다.

선물하는 일은 언제나 기분 좋은 일이지만, 보자기를 만난 후 이 기쁨은 두 배가 됐다. 거창한 선물이 아니라도 누군가에게 줄 게 생기면 나는 옷방으로 가 서랍을 연다. 서랍 한쪽 곱게 접어 쌓아둔 형형색색의 보자기. 받는 사람과 어울리는 촉감과 색을 고민하다 보면, 기분 좋은 온기가 마음을 감싸온다.

보자기를 이용한 포장법은 다양한데, 나는 주로 손잡이를 만들 수 있는 '사방싸기'나 상자 포장에 좋은 '감아싸기'를 한다.

쓰레기 없는 살림

종이 백에 담는 게 더 간단하긴 하겠지만, 보자기의 마법을 경험해본다면 포기할 수 없는 포장. 평범한 참기름도 보자기가 품으면 명인의 수제품 같은 품위가 생긴다. 향마저 더 고소해지는 기분. 한 겹 두 겹 매듭을 풀 때마다 주는 사람의 마음도 함께 퍼지는 것 같다. 찢긴 포장지나 버려야 할 박스도 없으니, 선물의 여운은 더 오래간다.

친정엄마가 김치를 보내준 날은 곁에 사는 사람들에게도 나눠준다. 바쁘지 않다면 김치 하나도 보자기 포장. 보자기를 펼쳐 김치통을 올려두고 자연스러운 굴곡이 드러나도록 감싸준다. 꼼꼼하게 매듭을 지어 묶어주면 옛 규방의 여인이라도 된 기분. 정갈하게 안살림을 살피고 말수는 적은, 안채 창가에 앉아 자수를 즐기는 그런 여인 말이다.

내일은 명절 이후 처음 친정을 가는 날. 빠른 손버릇을 자제해보려 노력은 하겠지만, 보자기만큼은 포기할 수 없다. 설날에 들어온 고운 보자기가 있다면 그건 내 차지. 딸은 도둑이라지만, 이 정도면 '정의로운 도둑이 되는 걸 허락해달라'던 귀여운 만화 '천사 소녀 네티'가 아닐까?

아님 말고.

청소 & 세탁

수학의 정석 말고 분리수거의 정석

"그거 분리수거 안 돼요."

이제는 익숙해질 법도 한데, 도무지 익숙해지지 않는 한 가지. 매주 해도 매주 혼란스러운 그것. 오늘은 잘 넘어가겠지 하는 날도 역시나 경비 아저씨는 다가온다. 정말 분리수거만큼 늘지 않는 집안일이 또 있을까?

"이거 종량제였나?" 분리수거를 할 때마다 빠지지 않는 질문이다. 마치 어릴 적 외우던 근의 공식 같다. 돌아서면 잊어 계속해서 『수학의 정석』을 펼쳐야 했던 공식. 그런데 분리수거는 펼칠 교재도 없다. 나와 남편은 매주 같은 고민을 한다. 양념 묻은 컵라면 용기, 플라스틱과 알루미늄이 섞인 화장품 병, 부서진 나무 조각 쓰레기 앞에서.

그래서 이 책을 쓸 때 '분리수거의 정석'까진 아니라도, 자주 헷갈리는 쓰레기만이라도 정리해보고 싶었다. 그런 쓰레기들이 있다. 버릴 때마다 항상 궁금했는데 어디 정확한 방법은 묻지 못했던 것. 공부는 그저 그랬지만, 질문 하나는 잘했던 나. 친구들 대신 선생님에게 묻고 돌아와, 허세를 부리며 가르쳐주곤 했었는데. 이 재주를 이렇게 쓸 줄은 몰랐다. 아래는 환경부에 직접 '쓰레기 처리법'에 대해 물어본 내용을 정리한 내용이다.

생수병

생수병은 가장 질문을 많이 받는 분리수거 계의 쓰레기 셀럽. 생수병 배출 방법을 검색해보면 사람마다 의견이 분분하다. 누구는 라벨을 꼭 제거해야 한다고 하고, 누구는 그럴 필요가 없다고 하고. 페트병은 검색할 때마다 혼란스러운 쓰레기였다.

우선 페트병은 기본적으로 라벨을 분리해야 한다. 페트병과 비닐 라벨은 대부분 재활용 방법이 달라 분리 배출해야 하고, 이때 라벨은 흩날리지 않게 투명한 비닐에 모아 버리는 게 좋다.

라벨을 분리하는 것도 중요하지만 또 한 가지 중요한 건, 바로 생수 병뚜껑. 이건 자원 순환 전문가의 인터뷰에서 본 내용인데, 페트병은 발로 밟아 압축한 다음 뚜껑을 닫아 버리는 게 좋다고 한다. 병을 압축하는 중 뚜껑이 튀어 나가 예기치 않은 사고가 일어날 수 있기 때문이다. 나를 대신해 쓰레기를 처리해주는 분들을 위해 생수병은 압축한 뒤 뚜껑을 닫아주자. 아예 뚜껑을 제거해 따로 배출하는 것도 좋다.

기름 묻은 종이 (ex. 치킨 박스)

쓰레기통 앞에서 멈칫하게 되는 쓰레기 중 하나, 기름 묻은 치킨 박스. 분명 종이긴 하지만 박스에 묻은 기름을 보면 분리수거함에 넣기가 애매했는데 이 고민, 나만 하는 게 아니었다. 내 블로그에서 유입률이 높은 검색어 중 하나가 바로 '기름 묻은 치킨 박스'. 치킨 박스 배출법을 간단히 적어놨는데, 하루에도 수십 명이 이 검색어를 통해 들어오고 있었다. 치킨 박스를 들고 고민하는 사람이 이토록 많다니. 역시 우리는 배달의 민족이다.

결론부터 말하자면 치킨 박스뿐 아니라 기름 묻은 종이는 모두 종량제 쓰레기로 배출해야 한다. 종이는 물에 불리는 과정을 거쳐 재활용되는데, 기름이 묻으면 이 공정 중 문제가 생길 수 있다. 종이도 깨끗해야 재활용이 된다. 이 사실을 알기 전에는 폐지함에 치킨 박스를 던지고 후다닥 돌아설 때가 많았다. 하지만 이제는 당당하게 종량제 봉투에 넣는다. 배달의 민족이라면 기억하자. '치킨 박스는 종량제'다.

광고 전단

번화가에 가면 꼭 한 장은 받는 광고지. 특히 강남역에 가면 마치 내가 자석이고 전단을 나눠주는 분들이 쇳가루인 듯, 순식간에 광고지를 든 손이 내 앞에 몰려온다. 최근까지도 이 전단지들을 고민 없이 폐지함에 버리곤 했다. 그런데 이건 잘못된 상식. 놀랍게도 코팅된 광고 전단은 종량제 쓰레기였다.

코팅 종이는 재활용이 안 되는 대표적인 품목이다. 위에서도 언급했지만, 종이는 물에 불려 재활용되는데 코팅되면 처리할 수 없다. 광고 전단은 쉽게 찢어지거나, 젖지 않기 위해 대부분 코팅된다. 혹시 이 글을 보는 사업자, 마케팅 담당자가 있다면 조심스레 말씀드려 보고 싶다. "광고지는 코팅 없는 바스락한 종이 감성이 어떨까요?"

알약 껍질, 펌프 용기

분리수거 방법을 자주 찾아보니 알게 된 법칙이 하나 있다. 그건 바로 '제대로 분리할 수 없다면 무조건 종량제'란 것. 예를 들어 알루미늄과 플라스틱이 섞인 알약 껍질이나 용수철과 플라스틱이 섞인 화장품 펌핑 용기처럼 여러 소재가 섞여 있다면 대부분 종량제 쓰레기다.

물론 제대로 분리할 수만 있다면 분리 수거함에 넣어도 된다. 예를 들어 알약 껍질도 알루미늄 껍데기를 깨끗하게 제거할 수만 있으면 플라스틱으로 배출해도 좋다. 하지만 분리하는 게 쉽지 않다. 마음먹기도 힘들지만, 접착제가 강하게 붙어 알루미늄이 떨어지지 않는 경우가 많다.

어쩔 수 없이 종량제로 버려야 하는 플라스틱을 볼 때마다 마음이 좋지 않다. '이 쓰레기는 또 어딘가에 묻혀 몇백 년 땅을 오염시키겠지'. 이럴 땐 종종 기업들이 원망스럽다. 애초에 분리가 잘 되도록 만들었다면 재활용률을 훨씬 높일 수 있으니까. 혼잣말로 원망해봤자 내 속만 쓰리다. 다음 선거 때는 꼭 나 대신 쓴소리를 해줄 공무원을 찾겠노라 결심해본다.

정해진 분리 배출 기준이 있지만, 주거지별 재활용 업체에 따라 수거 기준이 다를 수 있다. 예를 들어 환경부 분리수거 앱에서는 씻은 컵라면 용기는 양념 색이 배어 있어도 재활용된다고 하지만, 우리 아파트는 버릴 수 없다. 그래서 다시 물어보니 업체마다 기준이 달라, 주거 지역 규칙에 맞춰 배출하면 된다고. 이렇게 적고 보니 여러 질문에 성실하게 답해준, 앱 담당자님께 너무 감사하다.

애초에 쓰레기는 만들지 않는 게 좋고, 만들었다면 최대한 재활용을 해야 할 텐데, 많은 사람이 쉽게 올바른 배출법을 배울 수 있도록 여러 장치가 생겼으면 좋겠다. 분명 마음은 있어도 몰라서 못 하는 사람도 많으니까. 나름대로 공부 아닌 공부를 하다 보니 예전보다 능숙해진 분리 배출. 그래도 수거 날이 되면 애매한 쓰레기를 꼭 하나는 만난다.

이제 생수병은 발로 밟아 뚜껑을 닫고, 라벨은 떼어내 분리수거장으로 간다. 그래도 경비 아저씨가 곁에 오면 여전히 느껴지는 긴장감. '분리수거의 정석' 같은 교재 어디 없나? 내가 적은 짧고 얇은 '야매 정석'이 아닌, 제대로 된 무언가가 필요하다.

분리수거 방법을 모르겠다면? 쓰레기 백과사전

형광등, 우산? 소재가 간단하지 않아 어떻게 버려야 할지 고민되는 쓰레기가 있다. 그럴 때 답을 찾을 수 있는 사이트가 있는데, 바로 '쓰레기 백과사전'이다. '블리스고'라고 검색하면 앱을 다운 받을 수도 있다.

블리스고 '쓰레기 백과사전'은 분리수거 방법을 요리 레시피처럼 알려주는 서비스가 있으면 좋겠다는 창업가의 생각에서 시작됐다. 실제로 사이트에서 품목을 검색하면 요리 레시피처럼 자세한 내용이 나온다. 예를 들어 형광등을 검색하면 단순히 버리는 방법뿐 아니라, 형광등을 구성하는 수은을 조심해야 하는 이유 등 주의해야 할 점까지 자세하게 나온다. 우산을 검색하면, 우산을 생활폐기물로 신고하고 배출했을 때 내야 하는 금액까지 자세하게 설명한다. 분리배출장에서 혼란스러운 쓰레기가 생기면 바로 폰을 꺼내 '쓰레기 백과사전'에 검색해보자.

음식물 쓰레기와
동충하초 대첩

우리는 대학교 때 만나 10년을 연애하고 결혼했다. 연애할 때 남편에게 반했던 여러 이유가 있는데, 그중 하나가 바로 '먹는 모습'. 나와는 달리 음식을 가리지도 않았고, 통통한 볼로 오물오물 먹는 얼굴이 무척 귀여웠다. (분홍색 아기 돼지 같다.) 옆에 있는 것만으로도 마음이 편해지고 식욕이 돋는 사람. 남편은 내게 그런 남자친구였다.

"너 벌써 다 먹은 거야? 나 줘."

연애할 때, 내 기분을 꿍냥꿍냥하게 만들었던 남편의 한 마디. 변태 같은 취향일 수 있지만, 나는 내가 남긴 음식을 뚝딱뚝딱 비워내는 그 모습이 멋있었다. 생각해보라. 누가 남긴 음식을 먹는다는 건, 그 의미가 가볍지 않다. 어릴 때부터 내가 남긴 음식을 먹는 사람은 아빠, 단 한 사람뿐. 내 음식을 먹는다는 건 어떤 상황에서도 나를 지켜줄, 아빠의 사랑으로 느껴졌다. 내 그릇을 깨끗하게 비우는 남편을 바라보며 생각했다. '저 사람 진짜 나를 좋아한다!'

그런데 꿈에도 몰랐다. 이 멋짐이 부부싸움의 원인이 될 줄은. 나는 어릴 때부터 입이 짧고, 배불리 먹는 걸 싫어해 자주 음식을 남겼다. 하지만 남편은 음식 버리는 걸 무엇보다 싫어하는 사람. 사소한 듯 보이는 이 차이는 결혼 후 잦은 다툼을 만들었다.

사랑에 빠진 이유가 결국 이별의 이유가 된다는 말, 들어본 적 있을까? 음식을 남기지 않아 사랑한 남편은 매번 음식을 남기는 나에게 잔소리를 쏟기 시작했다. 결혼 초, 음식물 쓰레기로 자주 다퉜던 우리 부부. 음식을 버리지 않아 사랑했던 남편인데, 너무너무 버리지 않으니 지겨울 지경이었다. 사랑했던 이유가 사랑하지 않는 이유가 될 수 있다는 걸, 나는 이렇게 깨달았다.

처음에는 무척 섭섭했다. 퇴근 후 인사를 나누기도 전에, 썩은 음식을 꺼내 혼내는 남편이. 나도 집에서 일도 하고 잘하는 집안일도 많은데, 음식물 쓰레기 하나로 모든 노력을 무시당하는 것 같았다. 솔직히 버리는 음식이 많기는 했다. 다른 집안일에 비해 특히 어렵게 느껴졌던 요리. 요리에 재미를 붙이지 못하니 재료를 활용하지 못했고, 손은 커서 음식을 만들면 항상 남았다.

그러던 어느 날 남편이 폭발했다. 그건 바로 채소 칸에 있던 '콩나물' 때문. 퇴근 후 저녁을 준비하다, 언제 샀는지도 모를 검게 썩은 콩나물을 보고 남편은 소리쳤다.

"야, 이거 동충하초냐? 플라스틱 줄이기 전에 음식물부터 줄여! 이 환경 파괴범아!"

이 소리를 듣자마자 욱하고 올라온 성질. 지금 음식물 하나로 내 '신념'까지 들먹이냐 반문하고 싶었지만, 이건 잠깐 생각해도 앞뒤가 맞지 않았다. 부부싸움은 기세다. 할 말이 없어도 우선 소리는 치고 봐야 하는 법. "왜 소리를 질러!" 고함을 질러 준 뒤, 애꿎은 방문만 '쾅' 닫고 안방으로 들어와버렸다.

엉엉 울어버릴까, 집안일로 구박당했다며 엄마에게 일러버릴까. 부부싸움 직후 머릿속 사고회로는 초등학교 1학년 조카 수준이 된다. 평소 나의 부부싸움 스타일은 '따박이'. 화가 나면 조용히 입을 닫는 '입 지퍼'인들과는 달리 섭섭한 부분, 고쳐줬으면 하는 부분을 또박또박 따져야 속이 시원해지는 스타일이다. 그런데 이날 '동충하초 대첩'에서는 이 따박이의 입이 떨어지지 않았다. 검색하고 문장을 골라봐도 전혀 떠오르지 않는 '할 말'. 이럴 때 이유는 한 가지다. '귀책 사유가 본인에게 있기 때문에.'

사실 남편 말은 틀린 게 없었다. 플라스틱보다 확실히 둔감

했던 음식물 쓰레기. 플라스틱과 같은 똑같은 쓰레기인데, 부끄럽지만 남편과 싸우기 전에는 진지하게 생각해본 적이 없다. 실은 회피했다. 어릴 때부터 굳어진 습관을 고치는 건 쉽지 않았고, 음식은 썩는 거니 플라스틱보다는 나을 거라 합리화했다. 소리친 남편이 미워도 할 말은 없었다. 음식물 문제를 검색할수록, 나는 '모순 덩어리'가 맞았다.

그동안 귀찮아서 막연히 어려울 것만 같아 외면한 음식물 문제는 생각보다 심각했다. 우선 식사를 준비하는 순간부터 오염은 시작된다. 4인 가족이 한 끼 식사를 만들 때 배출되는 온실가스는 4.8kg 정도다. 이 숫자는 세탁기 35회, 냉장고 80시간을 가동했을 때의 전력량이고, 승용차 한 대가 25km를 달릴 때 발생하는 오염 정도다. 중요한 건 이렇게 만든 음식이 많이 버려진다는 것. 유엔은 세계 기후 변화의 가장 큰 원인 중 하나를 음식물 쓰레기로 꼽고 있고, 매년 4.4기가톤의 탄소가 발생하며, 처리 비용만 연간 3,046조로 추산한다. 유엔 선생님들이 뽑은 가장 큰 원인이 음식물 쓰레기라니. 이러니 내가 어찌 할 말이 있을까? 플라스틱 쓰레기 전에 음식물 쓰레기부터 신경 쓰라는 남편의 버럭은 뼈도 있고 논리도 있었다.

"나도 줄여야겠다 생각하고 있었거든?"

부부싸움을 해보면 알겠지만, 일단 문을 닫고 센 척을 하면 미안하다고 말하기가 쉽지 않다. 그래서 문을 열고 나가 고작 건넨 게 저 찌질한 한마디다. 좋은 말로 할 때 알면 좋으련만, 꼭 이렇게 한바탕 싸움해야 잘못을 안다. 이렇게 음식물 줄이기는 시작됐다. 냉장고 속 동충하초 덕분에.

장 본 영수증, 냉장고에 붙이기

음식물은 처리도 중요하지만 가장 좋은 건 애초에 만들지 않는 것. 음식 쓰레기를 줄이기 위한 첫 번째 노력은 장 본 영수증을 냉장고에 붙이는 거였다. 이건 인스타그램 친구, '인친'님 덕분에 알게 된 팁. 주부가 되니 장 보기는 쉬워도 장 본 재료를 알뜰하게 쓰는 게 참 어려웠다. 냉장고에 넣으면 곧 잊어버려, 결국 쓰지 못하고 버렸던 수많은 재료. 하지만 장 본 영수증을 문에 붙여 놓으면, 냉장고 속을 쉽게 알 수 있었다.

처음에는 냉장고 안 음식을 일일이 체크해 포스트잇에 예쁘게 쓰기도 했지만, 이건 딱 두 번 하고 끝난 방법. 게으른 주부인 나에게는 이것마저 버거웠다. 직접 적으면 보기도 좋고 더 자세히 파악할 수 있지만, '영수증 붙이기'가 내가 찾은 최선의 방법이다. 쓸 것도 없이 자석으로 붙어주면 되니 이건 그리 어렵지 않았다.

"주말에 사과를 샀었지!"

붙여둔 영수증을 보면 잊고 있던 재료를 알차게 꺼낼 수 있다. 몇 번 보면 외우겠지 해도 볼 때마다 생각지도 못했던 재료를 하나씩 발견한다. 할 수 있다면 영수증 품목 옆에 유통기한을 적으면 좋다. 기한이 얼마 남지 않은 제품을 알아보고 상하기 전에 처리할 수 있다. 다른 영수증은 모바일로 받거나 출력하지 말아달라 부탁하지만, 장을 본 영수증은 꼭 챙겨 이렇게 쓴다.

칸막이 반찬통 쓰기

우리 집 음식물 쓰레기 중 큰 부분을 차지했던 건 엄마 반찬. 대구에 계신 엄마는 한 달에 한 번 반찬을 만들어 보내주시는데, 이걸 제대로 챙겨 먹지 못해 결국 버릴 때가 많았다.

엄마 밥을 얻어먹을 때는 몰랐다. 반찬 꺼내기가 이렇게 귀찮은 일인지를. 엄마 덕에 항상 냉장고에는 반찬이 가득하지만, 꺼내는 건 고작 두세 개. 무거운 반찬통을 꺼내고 열고 또다시 넣는 일이 귀찮아 잘 먹지 않았다.

골고루 반찬을 잘 챙겨 먹기 위해 찾은 방법은 칸막이 반찬통. 이 반찬통은 칸막이가 있는 유리 용기인데, 통 하나에 총 3가지 반찬을 담을 수 있다. 그러니 칸막이 반찬통 두 개면, 총

6가지 반찬을 먹을 수 있다. 요즘은 엄마가 반찬을 보내주면 칸막이 용기에 바로 소분해 둔다.

묵혀두는 반찬 없이 골고루 먹을 수 있어서 좋고, 또 식사를 차릴 때마다 모든 반찬을 꺼낼 필요가 없다. 요즘은 버리기는커녕 없어서 못 먹는 엄마 반찬. '그러니 엄마 더 만들어줘!'라는 말이 목까지 차오르지만 참아본다. 이제는 이 반찬통에 내 반찬을 담아 보내야지. 엄마가 없었다면 우리 부부는 김과 스팸이 살렸을 거다.

여전히 버리는 음식이 있긴 하지만, 확실히 동충하초 대첩 전보다 그 양이 적어졌다. 그러나 한순간에 습관을 고치는 건 어려운 일. 밥을 먹을 때마다 꼭 한 숟가락 남기고 싶은 충동은 여전하다. 남길까 말까 고민하는 그 순간, 남편의 소리가 들리는 것만 같다.

'야, 이 환경 파괴범아!'

고작 밥 한 숟가락으로 또 한바탕 전쟁을 할 순 없지. 밥그릇을 잡고 남은 밥을 싹싹 긁어 열심히 넘겨본다.

오염 걱정 없는 친환경 처리법, 미생물 음식물 처리기

주부가 된 후 '생활의 질이 달라졌다' 생각하는 가전제품이 3가지인데, 식기세척기와 건조기, 그리고 '미생물 음식물 처리기'다.
최근 생긴 미생물 음식물 처리기는 미생물을 이용해 음식물을 분해 소멸하고, 퇴비화하는 기계. 이 처리기가 오고 나서 부엌 살림은 한층 더 여유로워졌다.
미생물 처리기는 수질 오염 걱정도 없고, 전기 사용량도 많지 않다. 음식물을 미생물에 넣으면, 다음 날 부드러운 흙처럼 변한다. 이 기계가 오기 전, 한 달에 아파트 처리장에 버렸던 음식물이 평균 2~3kg였다. 이제는 미생물이 처리하니 1년이면 36kg의 음식물을 버리지 않을 수 있고, 또 쓰레기 장에 가는 수고로움도 없다. 가격은 50~60만 원대로 비싸지만 건조기만큼 몸을 편하게 만들어주는 아이템. 내가 쓰는 제품은 '미랜' 제품이다.

퉁퉁
양모 볼 소리

막 탈수가 끝난 말끔한 빨래를 건조기로 옮긴다. 섬유유연제를 쓰지 않는 대신 내가 사용하는 건, 양모 볼. 귀여운 솜 뭉치 같은 공 세 개를 건조기 속 젖은 빨래 위에 올려 둔다. 그리고 에센셜 오일을 꺼내 고민한다. '오늘은 무슨 향이 좋을까?' 요즘은 날이 춥고 생리가 시작되려는지 자꾸만 기분이 가라앉는다. '이럴 때는 생기를 올려주는 상큼한 시트러스지'. 베르가못 오일을 골라 공마다 2~3방울 떨어뜨리고 버튼을 눌러 건조를 시작한다.

"퉁퉁 투둥 퉁 퉁."

건조기에 부딪히는 양모 볼 소리. 나는 이 소리가 개운하다. 빨랫줄에 이불을 널고 방망이로 시원하게 두드리는 기분이랄까? '퉁퉁'. 마당이 없는 나를 대신해 양모 볼은 바지런히 빨래를 두드린다.

건조기 속 양모 볼은 빨래 속 먼지를 털고 세탁하며 굳어진 옷감을 유연하게 만든다. 여기에 에센셜 오일을 떨어뜨리면 은은한 향까지 더해진다. 건조기가 열을 내뿜으면 오일 향은 베란다를 채우고, 점점 거실까지 퍼져온다. 온화한 향에 온 집안이 나른해지는 기분. 빨래가 돌아가는 그 시간, 나는 아로마테라피를 즐긴다.

"야야, 피존 쓰지 마라. TV에서 그게 그래 안 좋다 카더라."

언제인지 기억나지 않지만, 엄마의 권유로 섬유유연제를 끊었다. 남편, 자식들 말은 안 믿어도 〈생생정보통〉 같은 프로그램은 꼭 믿는 엄마. 유연제에 강한 화학 성분이 있다는 방송을 보자마자, 엄마는 내게 전화해 '피존'을 모두 버리라 했다.

'자기가 줘놓고, 이제는 버리라니?' 처음에는 당황스러웠지만, 검색 후 엄마의 걱정을 바로 이해했다. 섬유유연제는 진한 향을 내기 위해 여러 화학 물질이 들어간다. 이 성분은 주로 알레르기를 일으킬 수도 있는 강한 화학 약품. 또 대부분의 유연제에는 향기 캡슐이란 미세 플라스틱이 들어가는데, 이 캡슐은 건조 후에도 향이 남도록 플라스틱으로 향을 감싼다. 문제는 이런 미세 플라스틱이 천, 강, 바다로 들어가 생태계를 교란하고 수질을 오염시킨다는 데 있다. 물론 우리 몸에도 들어갈 수 있다. 어릴 땐 그 향이 좋아, 옷에 코를 묻고 숨을 들이마셨는데. 엄마가 〈생생정보통〉을 조금 더 빨리 봤다면 좋을 뻔했다.

다행히 섬유유연제를 쓰지 않는 일은 생각보다 금방 익숙해졌다. 세제만으로도 충분히 좋은 향이 났고, 촉감도 그리 뻣뻣하지 않았기 때문이다. 물론 유연제를 썼을 때의 부들부들한 느낌은 아니지만, 건조 후 잘 개어만 놓으면 크게 불편할 게 없었다. 세제와 유연제는 수저같이 당연한 '세트'라 여겼는데, 멀쩡한 빨래를 보니 무언가 허무한 기분. 종종 쓰레기를 덜어내다 보면 깨닫는다. 생각보다 없어도 되는 게 참 많다는 걸.

결혼 전부터 유연제를 쓰지 않은 나는 괜찮았지만, 남편은 종종 빨래 '향'을 그리워했다. 그래서 찾은 방법이 양모 볼과 에센셜 오일. 많은 사람이 유연제를 대신해 사용하고 있었고, 이건 건조기가 있는 사람들을 위한 팁이다.

처음에는 공 몇 개 넣는다고 뭐가 더 달라질까 했지만, 생각보다 꽤 차이가 컸다. 양모 볼을 넣으니 옷과 수건에는 못 보던 볼륨이 생겼고 촉감은 부드러워졌다. 메마른 수건이 호텔 수건이 되어 나오는 느낌. 에센셜 오일은 유연제처럼 오래가는 향은 아니지만, 옷에 편안한 향을 더해주고 눅눅한 냄새가 나는 걸 막아줬다.

건조기가 없다면 세탁기 헹굼 단계에 구연산을 넣어주면

유연제를 대체할 수 있다. 적은 빨래(3kg) 이하면 한 스푼(7g), 그보다 양이 좀 많다면 두 스푼 정도를 넣어준다.

양모 볼은 빨래가 엉키지 않도록 도와줘 건조 시간도 훨씬 단축해준다. 유연제 살 돈을 아껴주고 전기도 줄여주는 알찬 살림. 친환경 제품은 마냥 비쌀 것 같아도 따져보면 이렇게 보탬이 될 때가 많다. 면 생리대, 일회용 행주, 섬유유연제 등 쓰레기 줄이기를 몰랐다면 내 한 달 생활비에는 많은 것들이 추가됐을 것이다. 제로웨이스트, 그것도 돈이 있어야 한다는 사람이 있으면 모 대기업 회장으로 변신해 이 말을 건네고 싶다. "이봐, 해봤어?"

"퉁퉁퉁퉁."

일요일 오후, 오늘도 양모 볼은 부지런히 빨래를 두드린다. 퉁퉁 소리가 시끄럽다더니 어느새 낮잠이 들어버린 남편. '정말 예민하다, 예민해.' 한마디를 비꼬아주고도 싶지만, 한 주 동안 고생한 그의 주말을 망치고 싶지는 않다.

커피를 한 잔 내려 거실로 가져온다. 조금 더 시간이 지나면 여기도 향이 퍼져 오겠지. 따뜻한 빨래 향을 기다리며 이렇게 또 한 주가 지나간다.

생업을 박차고 나가 피켓은 들지 못해도,
오늘도 난 텀블러를 들어본다.

といて
3

쓰레기 없는 바깥 생활

종이컵에
이름을 쓰는 멋

"대박. 종이컵에 이름을 쓴다고?"

어느 날 유럽에 있는 친구가 사진 한 장을 보내왔다. 여행지에서 만난 사람들과 피크닉을 즐기고 있던 친구. '이거 너무 좋지?'라는 메시지와 함께 온 사진에는 이름이 쓰인 일회용 컵들이 잔디밭에 놓여 있었다.

'낭비하지 않으려 이름을 적고 시작하더라고. 네 생각 나서 보낸다.'

종종 지인들은 친환경적인 순간을 만나면 이유 없이 내게 사진을 찍어 보낸다. 일종의 제보랄까? '이름이 쓰인 일회용 컵'은 여러 제보 중 가장 인상 깊었던 사진. 메시지를 보자마자 혼잣말이 터져 나왔다. "아니, 이 생각을 왜 못 했지?"

이름을 적는 건 다른 사람 컵과 혼동해 새 컵을 쓰지 않기 위한 행동이다. 인공지능, 머신러닝 같은 고차원적인 기술도 아닌데, 지금까지 이 실천을 놓쳐버린 게 너무 아쉬웠다. 종종 '우리나라만큼 종이컵을 많이 쓰는 나라가 또 있을까?' 궁금할 때가 있다. 기쁠 때나 슬플 때나 언제나 빠지지 않는 것이 '일회용 컵'. 어릴 때는 소풍과 운동회에서, 성인이 되어서는 캠핑, 야유회, 피크닉, 장례식에서, 사람이 모이는 곳에는 항상 종이컵이 있었다.

종이컵 낭비 죄에서 물론 나도 자유로울 수 없다. 내가 가장 많은 종이컵을 소비한 건 아마 대학교 때. 이틀이 멀다고 과방, 잔디밭에서 술을 마시니 사물함에는 항상 종이컵이 있었다. 스무 살 때는 전공 서적보다 일회용 컵 종이를 더 많이 만졌을지도 모를 일. 봄, 가을이면 강의실이 참 답답했다. 햇볕이 좋은 날은 어김없이 강의실을 나왔고, 치킨 한 마리를 시켜 학교 호수 잔디밭으로 향했다. 이럴 때 연락을 돌리면 나처럼 일 없는 애들이 항상 대여섯은 있었다. 저렴한 피처 사이즈 맥주 몇 병과 종이컵을 사고, 치킨을 기다리며 한 잔 두 잔 마시기 시작한다.

술자리의 신기한 법칙은 내 앞에 있던 술잔이 꼭 애매하게 섞인다는 것. 시작할 때는 내 잔을 알아볼 수 있을 것 같지만, 술기운이 오르면 이게 내 컵인지 남의 컵인지 헷갈리기 시작한다. 초반에는 "이거 내 잔이야." 하며 깔끔하게 자기 잔을 챙기던 친구도 술이 더 들어가면 똑같아진다. 어릴 때 아이스크림 하나를 나눠 먹어도 혈액형을 따지던 녀석들이 결국 무작위 간접 키스를 하며 술에 취한다. 그렇게 마시는 동안 계속해서 새 잔을 쓴다. 6명이 술을 마셔도 컵 쓰레기는 10개 이상. 야유회, 음악 페스티벌, 캠핑 등 잔을 잃는 술자리 법칙은 대학을 졸업해서도 계속됐다.

그런데 종이컵에 이름을 쓰는 간단한 방법이 있었다니. 그동안 이름만 적었어도 아낄 수 있는 잔이 얼마나 많았을까? 회사에 다닐 때 동료들과 함께 썼던 종이컵만 생각해도 나무 수십 그루가 뽑힌 느낌.

우리나라보다 좀더 일찍 환경에 관심을 가진 나라를 여행하면 '종이컵에 이름 쓰기'와 같은 좋은 아이디어를 종종 발견한다. 2년 전 독일에 갔을 때 동네에서 열리는 작은 페스티벌을 갔었는데, 그곳에서는 술을 포함한 모든 음료를 '잔 보증금'을 받고 팔고 있었다. 보증금은 약 1~2유로 정도. 음료를 마신 후 플라스틱 잔을 반납하면 보증금을 다시 내어주는 방식이었다. 어려운 일도 아니고 돈은 받아야 하니, 많은 사람이 자연스럽게 잔을 반납했다. 땅에 뒹구는 더러운 일회용 잔이 없었던 쾌적한 페스티벌. 국내 페스티벌에서도 이렇게 보증금을 받으면 좋을 것 같았다.

    1년 전 뉴질랜드에 신혼여행을 갔을 때는 이런 것도 봤다. 숙소와 멀지 않은 곳에 지역 농부들이 모이는 파머스 마켓이 열리고 있었는데, 마켓 입구에는 몇십 개의 머그잔이 나무에 걸려 있었다. 이 머그잔은 마켓을 찾는 누구라면 이용할 수 있는 잔이었다. 커피를 마시고 싶은 사람들은 이 잔을 가져가 커피를 사 마셨고, 마켓 곳곳에는 잔을 씻을 수 있는 세척대가 설치되어 있었다. 우리 부부가 이 잔을 보고 신기해하니, 지나가던 한 남자가 자랑스럽게 설명했다.

    '이 잔들은 동네 사람들이 기부한 잔이고, 잔을 쓰고 나서는 모두 깨끗이 세척해 반납하고 있어.'

    순간 뿌듯한 표정으로 설명해주는 그가 너무 부러웠다. 매년 열리는 한강 도깨비 야시장에도 이런 게 있으면 얼마나 좋을지 상상했다. 집에 놀고 있는 잔을 마구 내어줄 텐데.

 '종이컵에 이름 쓰기'는 특별한 제도나 장치도 필요 없는, 펜만 있으면 누구나 할 수 있는 쉬운 방법이다. 곧 야외에서 피크닉을 즐길 계획이 있는 분이라면 네임펜 하나를 챙겨보자. 컵도 아낄 수 있고, 환경을 생각하는 멋과 여유가 있는 사람이란 것도 은근슬쩍 알릴 수 있다. 함께 파티하는 사람 중 좋아하는 누군가가 있다면 더욱 추천. 나 같은 사람에게는 분명 먹히는 방법이다.
 나의 후배들이 이 책을 보고 있다면 말해주고 싶다. 못난 선배는 쓰레기만을 남겼지만, 너희들은 새로운 낭만을 즐겨보라고. 종이컵에 이름을 쓰는 그 낭만을.

쓰레기 없는 '커피차'

최근 연예인 인스타그램에 심심치 않게 보이는 커피차. 수고하는 사람들을 응원하기 위해 커피를 나눠주는 트럭을 부르는데, 요즘은 보통의 행사장에도 자주 보인다. 카페는 앉아 마실 공간이 있지만, 트럭 특성상 대부분 가져가서 마셔야 하니 일회용 컵을 사용한다. 100명만 이용해도 어마어마하게 나오는 쓰레기. 이런 문제를 해결하기 위해 알맹상점에서는 '쓰레기 없는 커피차'를 운영하고 있다.

쓰레기 없는 커피차는 일회용 잔 대신 다회용 컵을 사용하고, 자신의 텀블러에도 음료를 받을 수 있다. 일반 커피차처럼 여러 메뉴가 있지만, 일반 커피차와 차이점은 일회용품을 사용하지 않고 사용한 잔을 돌려주면 된다는 것. 위생도 걱정 없다. 수거된 잔은 다회용기 전문 업체가 직접 수거하여 살균, 세척 과정을 체계적으로 거친다. 2024년 이 쓰레기 없는 커피차 아이디어에 반해, 내가 직접 알리고 싶어 이벤트도 진행했다.

사람들에게 커피차를 보내고 싶은 사연을 댓글로 받아, 그 중 한 분을 추첨해 커피차를 보내드렸다. 수백 명 이상 이벤트에 참여했고, 당첨자는 평균 나이 만65세 이상 여성 만학도를 위한 교육기관인 일성여자중고등학교에 계신 선생님이었다. 선생님 이름으로 커피차를 대신 보내드렸고, 나도 직접 현장으로 갔다. 수업 전 맛있는 차를 받아갈 수 있다며 어르신들이 아이처럼 좋아하셨다. 걱정했던 다회용 컵 반납률도 100% 달성. 누군가에게 마음을 표현해 보고 싶다면, 머문 자리까지 아름다운 쓰레기 없는 커피차를 적극 추천한다.

• 알맹상점 인스타그램 @almang_market

쓰레기를 줄이는
여행 짐 싸기

고백하자면 사실 그런 때가 있었다. 좋은 호텔에 가면 '본전을 뽑는다'는 마음으로 달려들었던 때. 이틀을 묵으면 매일 새 어메니티를 받아 챙겼고, 좋아하지도 않으면서 호텔 방에 있는 '티백 차'는 모두 주머니에 넣어 왔다. 수영장은 오픈하자마자 들어가 몸이 쪼글쪼글해질 때 나오는 게 미덕. 내가 세탁하는 것도 아니니 타월도 깔고, 두르고, 닦으며 원 없이 써버렸다.

심지어 그런 날도 있었다. 우리 집은 엄마 아빠, 오빠네, 그리고 나 세 가족이 회비를 모아 1년에 한 번 호캉스를 즐기는데, 그해는 강릉 호텔에 갔던 때다.

"고모, 내가 다 챙겼어!"

여행 마지막 날, 욕실에서 한참을 나오지 않던 조카가 빵빵한 파우치를 들고 내 앞에 달려왔다. 쓰던 것 새것 가릴 것 없이

야무지게 어메니티를 챙긴 8살 꼬마. 생활력 강한 할머니 같은 행동에 가족들은 웃음이 터져버렸다.

"하하하, 누구한테 배웠냐 정말!"

어색하게 웃으며 모른 척 묻어갔지만, 사실 조카를 가르친 범인은 나. 매번 샴푸를 챙기는 나를 보고 묻길래 '호텔에 있는 건 다 좋은 거고, 가져가야 이득'이라며 스치듯 말한 적이 있었다. 아이는 어른의 거울이라 했던가? 애들 앞에서는 말 한마디도 조심해야 한다.

하지만 쓰레기를 줄이겠다 마음먹은 뒤, 여행 방법도 달라졌다. 특히 짐을 싸는 방식이 달라졌다. 예전에는 조금이라도 짐을 줄여보려 애썼지만, 지금은 여행 전 챙기는 것들이 좀더 많아졌다. 호텔 어메니티, 오고 가며 사 먹는 생수와 간식, 물티슈 등 일상보다 더 많은 쓰레기를 만드는 여행길. 여행 전, 쓰레기를 줄이기 위해 챙기는 것들이 생겼고, 그리 무겁지도 않은 이 물건들은 여행 중 쓰레기를 절반 이상 줄여줬다.

부부의 평화를 지켜주는 손수건

첫 번째 여행 필수품은 손수건. 여행 갈 때 손수건은 두 장을 챙긴다. 한 장은 손가방용, 다른 한 장은 차량용. 자동차 안에서 먹고 마시다 보면 특히 휴지와 물티슈를 많이 쓰는데, 조수석 앞에 손수건을 두면 휴지를 거의 쓰지 않는다. 차가 있는 집이라면 안다. 휴게소를 들를 때마다 바닥에 쌓이는 휴지 뭉치들. 깔끔한 성격을 가진 차 주인이라면 이 쓰레기는 다툼의 원인이 되기도 한다. '휴지를 왜 더럽게 손잡이에 쑤셔 넣냐' '휴게소에서 버렸어야지' 잔소리 폭격을 쏟아대는 차 주인. 그렇다. 이 깔끔한 차 주인은 우리 남편이고, 난 이 잔소리가 싫어서 손수건은 꼭 챙긴다. 부부싸움 앞에서는 애교 따위도 무용하다. 우리 부부의 평화는 손수건이 지켜준다.

쓰레기도 돈도 아껴주는 텀블러

휴가를 떠날 때 텀블러는 2개씩 챙긴다. 하나는 물, 하나는 커피를 담는 용도. 처음에는 하나만 휴대했는데 물을 담으면 테이크 아웃 커피잔을 쓰게 되고, 커피를 담으면 생수를 사서 결국 쓰레기가 생겼다. 장거리 여행 시 커피 수혈이 필요한 사람이라면 텀블러는 2개를 추천한다. 따뜻하고 시원한 커피를 오래 즐길 수 있는 것도 장점이고, 스낵 코너의 음식을 텀블러에 받을 수도 있다.

여행할 때 텀블러를 챙기면 '돈'도 아낄 수 있다. 집을 떠나면 꼭 몇 번은 사 마시는 생수. 텀블러를 쓰면 휴게소 정수기를 이용할 수 있어 이 비용이 줄어든다. 생수 그거 얼마 한다고 그러냐 할 수도 있지만, 편의점을 들어가면 다른 것도 사기 쉬운 게 문제다. 생수를 사러 가는 길목에는 달콤한 젤리와 초콜릿, 쫄깃한 오징어 등 유혹이 많다. 쓸데없는 군것질거리를 사지 않게 돼 은근 돈을 아끼는 방법. 또 빈 생수통 쓰레기가 없어 차 안도 깔끔하다.

어메니티 대신 나만의 '에코 파우치'

처음에는 조금 귀찮았지만, 이제는 익숙하게 챙기는 크고 작은 '목욕용품'들. 요즘은 어메니티를 쓰지 않기 위해 샴푸바, 린스바, 세안 비누 그리고 칫솔 세트를 꼭 가져간다. 예전의 나라면 상상할 수 없는 모습. 호텔은 '어메니티' 쓰는 맛도 있는 거라며, 호텔 방에 들어서면 어메니티 브랜드부터 확인했던 사람이 나였다.

쓰레기 문제에 관심을 가지고부터 이 샴푸, 화장품들이 참 아까웠다. 매번 있는 대로 집에 챙겨 가지만 결국 쓰지 않고 버렸던 게 대부분이었다. 다음 여행 때 쓴다며 가져가도 그때가 되면 새로운 어메니티를 썼고, 결국 집에 모은 것들은 쓰레기가 됐다. 또 대부분 세척이 힘든 작은 용기라 분리수거도 힘들다.

예전에는 '어메니티 쓰는 맛'을 즐겼다면 요즘은 '어메니티를 쓰지 않는 맛'을 즐기고 있다. 호텔 방에 들어가면 가장 먼저 가져온 파우치를 꺼내 욕실로 간다. 미리 놓여 있던 어메니티를 정리해 구석에 차곡차곡 쌓아 둔다. 어메니티가 있던 자리는 집에서 챙겨온 비누들 차지. 샴푸바, 린스바, 세안 비누를 나란히 놓고 가져온 화장품도 꺼내 올려둔다. 그리고 정리한 어메니티 위에 메모 하나를 남긴다.

'쓰지 않은 것들입니다. 재사용해주세요.'

이 메모를 남기고 나면, 곁에 있는 남편에게 말해본다.

"크~ 나 너무 멋있지 않아?"

사실 처음에는 쓰레기를 줄이기 위한 일이었지만 요즘은 '어메니티를 쓰지 않는' 내 모습이 좋아 더 챙기는 것 같다. 그런 느낌이다. 휴가를 즐기면서도 지구를 생각할 수 있는 멋진 사람이 된 기분. 물론 왼손이 하는 일을 오른손이 모르게 하라는 말도 있지만, 어쩌겠나 이게 나인걸. 곁에 있는 남편에게라도 자랑해야 속이 시원하다. 그리고 좋은 일은 더 많이 알릴수록 더 좋은 것 아닐까.

요즘은 호텔도 환경을 위해 노력하고 있다는 걸 느낀다. 최근에 방문한 호텔 모두 시트나 타월 교체를 원하지 않으면 이를 표현해달라는 안내문이 있었고, 또 호텔 내 일회용품도 많이 줄었다.

지금 조카들과 여행을 간다면 나는 조금 더 나은 거울이 되어줄 수 있을 텐데. 내 모든 걸 따라 하던 8살 꼬마는 벌써 12살 고학년이 되었고, 지금은 내가 하는 모든 말에 '안물안궁(안 물었고 안 궁금하다)'으로 대적하고 있다.

글을 쓰다 보니 어디론가 훌쩍 떠나고 싶은 기분. 깔끔히 정리된 호텔 욕실에 가지런히 내 비누가 놓인 모습을 보고 싶다. 아, 여행 가고 싶다.

여행에서 발견하는
새로운 취향

"루프탑 찾아봤어?"

"시내에 대박 라운지 바 찾았어. 카페는?"

"숙소 근처 두 군데 찾았는데, 완전 인스타 스팟이잖아."

해외여행 출발 전, 친구들과 흔히 나눴던 대화. 예전에는 여행을 가면 도시 야경이 멋지게 펼쳐지는 루프탑이나, 이국적인 분위기가 가득한 카페 같은 곳을 꼭 가야 했다. 요즘 말로 '인스타그래머블instagramable'한 곳이고, 인생 샷을 남길 수 있는 장소는 여행에서 중요했다.

제로웨이스트를 알게 된 후, 여행 법도 조금씩 달라졌다. 우선 떠나기 전 검색하는 단어부터 달라졌다. 예전에는 'Best cafe in' 'Best views of' 같은 검색어로만 구글링했다면 요즘은 두 가지가 추가됐다. 'Zerowaste shop in'과 'Farmers Market'이다.

우리나라에 있는 제로웨이스트 샵은 아직 다섯 손가락에 꼽을 정도이지만, 환경 문제에 좀더 일찍 관심을 가진 나라를 가면 패키지 없는 샵을 어렵지 않게 만날 수 있다. 물론 일반 마트만큼 흔하진 않지만, 큰 도시라면 몇 군데는 찾을 수 있다. 유럽에 갔을 때도, 신혼여행으로 뉴질랜드를 갔을 때도, 차로 한 시간 거리 내에 제로웨이스트 샵을 만날 수 있었다.

일상에서 경험하지 못한 '새로움'이 많을수록 여행은 즐거워지는 법. 아직 제대로 된 '포장 없는 가게'를 가본 적이 없다면 한번 찾아가봐도 좋을 것 같다. 야경이 멋진 곳, 맛있는 커피가 있는 곳은 서울에도 많지만, 다양한 제품을 포장 없이 살 수 있는 큰 제로웨이스트 샵은 아직 해외에서만 볼 수 있다. 앞에서도 말했지만, 나의 '쓰레기 줄이기'도 함부르크에 있는 제로웨이스트 샵에서 시작된 일. 내게는 일상이 변할 만큼 인상적인 여행 속 기억이었다.

해외 제로웨이스트 샵에서는 국내에서 보기 힘든 '친환경' 제품이 많다. 뉴질랜드 신혼여행 때 발견한 신문물은 바로, 고체 '데오드란트'와 고체 '바디크림'. 노플라스틱을 추구하는 뉴질랜드 브랜드 '에티크$_{\text{ethique}}$' 제품인데, 마치 버터처럼 네모난 블럭으로 만들어져 종이 상자에 들어 있었다. 화장품은 항상 '용기'에 있는 건 줄 알았는데, 포장 없이도 사용할 수 있다니. 이 데오드란트는 비누를 바르듯 겨드랑이에 바르면 되고, 점점 작아져 없어지니 쓰레기가 생기지 않는다. 종이 패키지 디자인도 예뻐 얼른 인스타그램에 올려 자랑하고 싶었던 화장품. 국내에서 살 수 있는 제품도 해외에서 더 저렴할 때가 많아, 제로웨이스트 샵은 꼭 찾는 쇼핑 장소다.

우리나라에서는 액체류를 나눠 파는 게 금지지만, 해외 제로웨이스트 샵에서는 샴푸, 세제 같은 액체류가 있어 더 구경할 맛이 난다. 와인 탭이 있어 무게를 재 와인을 살 수 있는 곳도 있고, 밀라노에는 화장품을 퍼 담아 구매할 수 있는 제로웨이스트 샵도 있다고 한다. 심지어 화장품 원료도 소분해서 판매한다고.

"여기 아이새도 한 스푼이랑, 페이스 오일 20g만 주세요. 향은 시트러스 계열로 넣어 주시고요."

상상만으로도 너무 재밌는 쇼핑. 우리나라에도 덜어 살 수 있는 '이니스프리'가 생긴다면 얼마나 좋을까? 화장품을 퍼 담아 산다는 밀라노의 이곳은 요즘 내 위시리스트 상위권을 차지하고 있다.

예전 여행과 다른 두 번째 변화는 '파머스 마켓'을 찾아본다는 것이다. 요즘은 주로 에어비앤비로 숙소를 구하다 보니, 여행을 가서도 요리를 한다. 호텔이 아닌 진짜 '집'에서 잠을 자고,

거기서 구할 수 있는 재료로 요리를 하면 현지인이 된 기분이 든다. 여행이 아닌 잠시 다른 인생을 살아보는 것 같은 그 기분이 좋아, 떠나는 일이 설렌다.

파머스 마켓은 지역 주민, 농민들이 재배하거나 만든 제품을 직접 들고 나와 판매하는 시장. 내가 머무는 도시 이름과 함께 Farmers Market을 검색하면 주말에 열리는 마켓을 쉽게 찾을 수 있다. 근거리에서 재배한 식품이라 싱싱함은 말할 것도 없고, 재배자가 직접 와서 판매하니 포장도 거의 없다. 플라스틱, 비닐 하나 없이 진열된 신선한 채소와 과일들. 바나나의 노란색, 채소의 초록색, 사과와 토마토의 빨간빛 등 싱싱한 자연의 색으로 가득한 시장은 보는 것만으로도 활력이 돈다. 건강한 식재료를 포장 없이 살 수 있어 좋고, 지역민들이 만든 핸드메이드 제품을 구경하는 일도 즐겁다. 여행을 가서까지 분리수거의 덫에 빠진다면 슬픈 일. 아름다운 여행지에 내 흔적을 남기고 오고 싶지도 않다. 요리하는 즐거움에만 온전히 집중하고 싶어서라도, 일정이 가능하면 꼭 찾는 곳이 파머스 마켓이다.

"일요일에 시장 열리는데, 갈까?"

"30분 정도 운전하면 제로웨이스트 샵이 있네."

멋진 루프탑, 카페에서 인생 샷을 남기는 것도 여전히 좋아하지만, 쓰레기 줄이기에 관심이 생긴 뒤 여행 중 새로운 대화가 추가됐다. 전에는 남는 건 사진뿐이라 입버릇처럼 말했지만,

지금은 여행 후 남는 건 '새로운 일상'인 것 같다. 여행 중 우연히 먹은 심심한 독일식 빵, 홍콩에서 배운 상큼한 아침 홍차 같은 것들은 여행이 끝나고도 내 일상을 풍요롭게 해준 것들. 새로운 경험으로 좋아하는 게 많아질수록 일상은 더 반질반질 윤이 났다. 익숙한 것에서 한 발짝만 더 나아가면, 지금까지 내가 몰랐던 '새로운 취향'이 있을지도 모른다.

달력 속 동그라미,
마르쉐 채소시장

한 달에 한 번, 가장 기대되는 나들이. 달력에 동그라미를 치고 기다리는 소풍 같은 날. 이른 아침부터 한껏 신이 나 남편을 깨우는 그날은 '마르쉐@' 채소시장이 열리는 날이다.

마르쉐 채소시장은 외국 파머스 마켓처럼 농부가 직접 시장에 나와 소비자를 만나는 장터다. 오일장처럼 정해진 요일마다 서울 곳곳에서 열리고 있다. 운이 좋게도 매월 세 번째 주는 집과 가까운 곳에 장이 선다. 생일보다 더 꼼꼼하게 체크하는 마르쉐 일정. 오일장이면 곱게 머리를 빗고 단장하던 할머니 마음이 이랬을까? 요즘 나는 이 장날을 손꼽아 기다린다.

채소시장이 열리는 날은 아침부터 부산스럽다. 부엌 한쪽에 가지런히 개켜 둔 천 주머니를 챙기고 혹시 모자랄지 몰라 모아 둔 비닐도 넣는다. 마르쉐 채소들은 흙을 다 털기도 전에 시골에서 올라와 싱싱함이 한껏 느껴진다. 포장재 없이 여러 채소를 살 수 있는 곳으로는 마르쉐만 한 곳이 없다. 완벽하게 쓰레기가 없는 시장은 아니지만, 마르쉐는 일회용 쓰레기를 줄이기 위해 노력한다. 생산자가 직접 오니 유통 단계가 없어 포장이 덜하기도 하고, 장바구니와 반찬통을 챙겨 오는 손님들에게 일부러 덤을 주기도 한다. 환경과 건강한 재료에 관심이 많은 사람이 찾다 보니 판매하는 농부들도 익숙해진 '쓰레기 줄이기'. 천 주머니를 건넬 때마다 질문이 따라서 오지 않아, 나 같은 사람은 어디 곳보다 편한 시장이다.

장바구니를 챙긴 후 입을 옷을 고른다. 마트는 잠옷 위에 롱패딩만 걸치고도 갈 수 있지만, 마르쉐는 그럴 수 없다. 햇살 좋은 날, 푸른 채소가 가득한 그 장터는 자연스럽고 편안한 무드의 옷을 입고 걷고 싶다. 예를 들면 촉감 좋은 린넨 원피스. 천 주머니에 바게트를 꽂고 장터를 걷는 프랑스 여자를 상상하며 옷을 골라본다. 물론 상상과 현실은 매번 다르지만.

마르쉐 시장은 흙냄새로 가득하다. 이른 새벽 농부들이 가져온 당근, 무, 생강에는 '지금 막 수확했어요'라고 말할 필요도 없는 포슬포슬한 흙이 묻어 있다. 이런 채소는 손바닥으로 대충 털어 무심히 '툭' 가방에 넣어줘야 멋. 언뜻언뜻 올라오는 가방 속 흙냄새에 장을 보는 내내 기분이 좋아진다. 이 신선함이 날

아가기 전에 얼른 요리해야 할 것 같은 건강한 내음이다.

 채소마다 다르지만, 가격대가 그리 저렴한 편은 아니다. 그래도 믿음직한 사람들이 파는 건강한 재료라는 점, 다양한 유기농 제품을 만날 수 있다는 게 좋아 한 달에 한 번은 이곳에서 장을 본다.

 싱싱한 제철 채소, 흙냄새, 포장 없는 시장. 마르쉐의 매력은 많고 많지만, 이곳을 좋아하는 가장 큰 이유는 사람들. 시장에 가까워지면 하나둘 보인다. 에코백을 메고 손에는 텀블러를 들고 시장으로 향하는 사람들. 부지런한 사람들은 일찍 장을 보고 채소로 가득 찬 장바구니를 들고 집으로 돌아간다. 미리 반찬통을 챙겨와 유기농 피클, 반찬을 담아가는 사람도 많다. 이런 사람들을 보고 있으면 마음이 따뜻해진다. 한 달에 한 번, 나는 이 시장에 확인하러 오는 것 같다. 나 혼자 애쓰는 게 아니라고. 다른 누군가도 이 불편함을 공감하고 있다고. 굳이 대화를 나누지 않아도 상관없다. 결이 비슷한 사람들을 보는 것만으로도 아주 든든하니까.

 처음 보는 사람과 대화하는 게 쉽지 않은 나도 채소시장에서는 절로 말이 많아진다. 대형 마트 채소 옆에는 디지털 계량기가 있지만, 채소시장의 채소 옆에는 직접 기른 농부가 있기 때문이다. "작은 당근은 어떻게 요리해요?" "루꼴라는 어떻게 키

워요?" 매번 푸근한 미소로 답해주는 농부님들 덕분에 이날만 큼은 넉살을 떨어본다. "지난해는 너무 더워 이번에는 알이 작아요." "이 당근은 생으로 먹는 게 제일 좋죠." 마트 채소는 말이 없지만, 마르쉐의 채소는 모두 사연이 있다. 스토리가 더해지면 더욱 특별해진다. 다른 채소는 그냥 두다 버릴 때도 많지만, 이상하게 채소시장의 채소는 줄기까지 알뜰하게 챙겨 먹는다. 시장에서 만난 그 농부가 어떻게 키웠다는 걸 아니 줄기 하나 허투루 버릴 수가 없는 거다.

싱싱한 당근 줄기가 늘어진 에코백을 메고 집에 돌아와 정리를 시작한다. 채소시장을 다녀온 날은 아무리 많이 장을 봐도 주방이 가볍다. 마트에서 장을 본 날은 포장을 뜯다 부엌이 금방 쓰레기 장이 되지만, 마르쉐를 다녀온 날은 부엌이 깨끗하다. 싱크대에 채반을 올려놓고 흙 묻은 채소를 꺼내 올려 둔다. 에코백은 뒤집어서 탈탈 털고, 곱게 접어 넣어두면 정리 완료. 분리수거 쓰레기를 걱정할 필요도 없이, 채소를 씻으며 바로 요리를 시작한다.

밭에서 막 걸어 나온 듯 힘찬 채소, 편안하면서도 다부진 농부들의 얼굴, 장바구니를 챙겨 나오는 따뜻한 사람들의 온기. 한 달에 한 번 이 시장에서 다음 한 달을 살아낼 기운을 얻어 간다. 대형 마트와 온라인 쇼핑으로는 느낄 수 없는 시장의 생기. 어릴 적 소풍 가던 날처럼 오늘도 장날에 동그라미를 쳐본다. 이날만큼은 미세먼지도 쉬어주길 바라며.

마르쉐 시장의 또 다른 재미 '워크숍'

마르쉐 시장에서는 마켓이 열릴 때 크고 작은 프로그램도 함께 운영한다. 봄나물 요리 클래스가 열리기도 하고, 명절이 다가올 때는 보자기 수업도 있었다. 내가 처음 제대로 된 보자기 수업을 들은 것도 마르쉐 시장이었다. 많은 농부님들이 출점한 시장 한구석에 큰 테이블이 있었고, 시장에서 산 물건들을 가져가면 거기에 맞는 보자기 포장법을 한 명씩 알려주셨다. 프로그램 내용은 시장이 열릴 때마다 달라지고 미리 신청을 받는다. 예약이 금방 끝나서 마르쉐 SNS 업데이트 소식은 꼭 챙겨 보는 계정 중 하나. 시장을 2배로 즐겁게 즐기고 싶다면 참고해 보자.

• 마르쉐 인스타그램 @marchefriends

다 소용없는
일이라고

즐겁게 쓰레기를 줄이다가도 나도 가끔 지칠 때가 있다. 그런 때다. 나름 애쓰며 사는데, 이 세상 쓰레기는 도무지 줄지 않는다고 느껴질 때. 분리수거 날 산처럼 쌓인 플라스틱이, 머무는 손님에게 여전히 일회용 잔을 건네는 카페가, 바로 내 힘을 빼는 것들이다. 아이스 음료인데도 컵 홀더 대신 종이컵을 2개씩 겹쳐주는 카페도 있다. 그때는 겹쳐진 종이컵이 나를 향해 이렇게 말하는 것 같다.

"네가 아무리 애써봐라. 이미 지구는 끝났어."

상황뿐 아니라 사람도 나를 지치게 한다. 종종 텀블러를 쓰는 내게 정말 가까운 친구나 어른들은 솔직하게 말한다.

"사람 몇 명 노력한다고 되겠어? 나도 안 쓰려고 해봤는데 다 소용없는 것 같더라."

외로워도 슬퍼도 울지 않는 '캔디'이고 싶지만, 손 선풍기 바람에도 나부끼는 나약한 멘탈. '아니야. 변화는 올 거야!' '나는 나만의 길을 가겠어!' 씩씩한 드라마 주인공처럼 계속해 나가야겠지만, 이럴 때마다 조금 풀이 죽는다. 트로트 여왕 장윤정의 남편 도경완은 자신의 수입에 대해 이런 말을 했다. '아내가 버는 돈에 비하면 내 월급은 백사장에 모래 두 포대 같다'고. 쓰레기를 줄이는 내 심정이 딱 이렇다. 매주 아파트에 쌓인 쓰레기를 보며 생각한다. 지난 2년간 내 노력은 모래사장 속 모래 한 꼬집은 될까?

실제로 내가 하는 실천은 기후 문제를 반전시킬 효과적인 방법은 아닐 수 있다. 기후 전문가들은 말한다. 지구 에너지 중 일회용품 소비가 차지하는 건 일부분이고, 선한 마음은 알겠지만 이것만으로는 숫자를 변화시키긴 어렵다고. 전 국립기상과학원장 조천호 박사는 한 교양 예능 프로그램에 나와 '텀블러를 휴대하는 건 감수성 측면의 역할이 크다'고 말했다. 즉 사람들의 감정을 자극할 수는 있지만, 효과적인 실천은 아니란 이야기. 텀블러를 쓰고 플라스틱 제품을 사지 않는 행위만으로는 결정적인 변화는 없을 거란 말이다.

'다 소용없는 일이야.'

'이런다고 세상이 변할 것 같아?'

들어도 들어도 여전히 익숙해지지 않는 말. 하지만 막 쓰레기를 줄이기 시작했던 초반과 달라진 게 있다면, 당황스럽긴 해도 이제는 흔들리지 않는다는 것이다.

지금의 환경 문제를 반전시킬 가장 효과적인 수단은 '법'이다. 국회의원을 찾아가는 환경운동가, 학교를 나와 시위하는 그레타 툰베리와 청소년들, 기후 위기를 걱정하는 모든 사람은 한목소리로 말한다. 법을 만들어달라고.

환경을 위해서는 무엇보다 큰 흐름을 주도하는 '산업'이 변해야 하는데, 이 큰 덩치를 움직이기 위해서 우선 법이 필요하다. 그들이 함부로 탄소를 배출하지 못하도록, 화석연료가 아닌 대체 에너지를 쓰게 하는 게 바로 '법'. 산업 구조 자체가 변하지 않는다면 당장 10년, 20년 뒤를 장담할 수 없다.

이 법을 바꾸기 위해 우선 '텀블러'를 들어야 한다 생각한다. 변화는 어느 날 갑자기 오는 게 아니다. 피아노도 도레미부터 쳐야 체르니를 칠 수 있듯, 텀블러를 써보는 작은 실천이 있어야 그다음도 있다. 나만 해도 첫 시작은 그저 텀블러를 챙기는 작은 일이었지만, 점점 다른 실천이 늘어났고, 최근에는 난생처음 환경 정책 입법을 위한 온라인 캠페인에도 참여했다. 법을 바꾸는 목소리는 어쨌든 국민으로부터 나온다. 텀블러에 눈길을 주는 사람이 더 많아져야 하는 이유다.

앞에서 말한 기상 전문가의 못다 한 이야기를 전하자면, 그는 '감수성' 측면의 일이 '필요 없다'라고 말하지 않았다. 실질적인 효과가 있는 건 아니지만 어쨌든 모든 출발은 환경에 대한 안타까움, 이 '감수성'에서 출발하는 거라고.

2019년 4월, 뉴욕시는 온실가스 배출량을 줄이기 위해 통유리 고층 건물을 세우지 못하도록 법을 만들었다. 나아가 뉴욕 시장은 기존 유리 건물도 이른 시일 내에 리모델링을 하도록 만들 것이라 밝혔다. 이건 시장 혼자만의 노력으로 이뤄진 걸까? 물론 아니다. 그 뒤에는 이런 법을 만들 수 있는 의원을 뽑고, 끊임없이 자기 생각을 표현해온 뉴욕 시민들이 있었다. 지금 이 위기 상황에 공감하는 사람이 더 많아진다면, 우리도 얼마든지 이뤄낼 수 있는 것들이 아닐까. 마음을 움직이는 '감수성'은 무엇보다 중요하다.

생업을 박차고 나가 피켓은 들지 못해도, 오늘도 난 텀블러를 들어본다. 단 한 명이라도 나에게 텀블러를 들고 다니는 이유를 물어주길. 나와 함께 '한 표'를 던져줄 그 누군가를 이렇게 찾고 있다. 혹시 아는가? 내가 찾은 누군가가 환경계의 잔 다르크가 될지. 에코백에 텀블러를 넣고 오늘도 글을 쓰러 나서본다.

'MEAT FREE MONDAY'
환경을 위한 최고의 실천 '고기 덜 먹기'

유튜브 영상을 보는데, 한 기후 변화 전문가가 말했다. 환경을 위한 실천 중 가장 효과적인 건 '고기를 덜 먹는 것'이라고. 지구 육상 동물 중 사람이 차지하는 비율은 30%고, 사람이 먹기 위해 키우는 가축이 67%라고 한다. 야생동물은 고작 3%. 소나 양이 다 함께 트림만 해도 지구가 위험해지는 거다. 또 가축을 키우는 전 과정에 탄소가 발생한다. 비료를 쓰고, 기계를 돌리고, 저장 운송하는 과정 모두에 쓰이는 화석 연료. 소고기 1 kg를 얻기 위해 옥수수 16 kg이 필요하다고 하니, 축산업이 발달할수록 지구는 뜨거워질 수밖에 없다.

그래서 일주일에 한 번, 한 달에 한 번이라도, 완벽하게 채식을 하는 날을 가져보는 것도 좋은 방법이다. 월요일에는 고기를 먹지 말자는 'MEAT FREE MONDAY' 캠페인도 있다. 이 캠페인은 2009년 폴 매카트니가 유엔기후변화회의에서 제안해 시작된 운동. 비건을 떠올리면 멀게만 느껴졌던 채식이, 월요일 하루만이라도 먹지 말자 생각하니 뭔가 쉽게 느껴졌고 해보고 싶어졌다. 조금씩 줄이는 일도 많은 사람이 참여한다면, 의미 있는 변화를 만들 것이다. 최근 '언리미트' 같은 식물성 고기를 판매하는 회사도 늘고 있는데, 이런 대체재도 함께 활용한다면 조금 더 쉬울 것이다.

epilogue

모두를 위한 작은 변화

어슴푸레 해가 뜨고 있는 아침, 침대에서 일어나 밤새 흐트러진 이불을 정리한다. 정돈이 끝나면 베란다로 간다. 어제 하루 햇볕에 바짝 마른 소창 행주. 행주를 걷어 부엌으로 가면 씻지 못한 그릇 몇 개가 싱크대에 남아 있다. 물을 틀어 수세미를 적신다. 설거지 비누를 문지르면 금방 올라오는 부드러운 거품. 남편이 출근한 아침은 고요하다. 들리는 건 오직 물소리와 그릇소리. 부지런히 손을 움직여 씻다 보면 머릿속이 점점 투명해진다. 어제의 후회, 오늘의 걱정이 잠시 물줄기와 함께 비워지는 느낌. 젖은 그릇을 널어놓고 원두를 꺼낸다. 스테인리스 캡슐에 가루를 담아 꾹꾹 누르고, 버튼을 누르면 커피가 내려온다. 커피 향이 집 안을 채우면 이렇게 또 하루는 시작된다.

쓰레기를 줄이며 나는 '일상'이 더 좋아졌다. 예전에는 특별한 장소, 특별한 때에만 느꼈던 감정을 요즘은 평범한 하루 속에서도 문득문득 느낄 수 있다. 항상 먼 곳만 바라보며 무언가를 기다리기만 했던 나. 지금은 언제 올지 모를 그 순간을 더 기다리지 않는다. 그 대신 눈앞에 있는 것부터 보고, 만지고, 온전히 누리며, 지금을 충실히 살고 있다. 그게 더 나은 일이란 걸 이제는 안다.

쓰레기가 있던 자리가 비워지니, 그 자리에 내가 좋아하는 것들이 점점 채워졌다. 그전까지는 몰랐다. 내가 이토록 작은 것에 감동하는 사람인 줄은. 욕실에 들어서면 동글동글 놓인 비누가, 부엌에서는 나란히 줄 선 유리 잡곡 병이. 이 작은 것들이 그렇게 귀여울 수 없다. 쓰레기를 줄이며 취향은 더 분명해졌다. 내가 어떤 향을 좋아하는지 비누를 쓰며 알게 됐고, 비닐과 플라스틱이 치워진 단정한 부엌은 요리하고 싶은 마음이 들게 했다. 취향이 또렷해진다는 건, 좋아하는 걸 잘 알고 있다는 것. 이렇게 일상은 풍성해져갔다.

"하면 할수록 더 괜찮은 사람이 되고 싶긴 해."

쓰레기를 줄이려 노력하는 내게, 누군가 칭찬을 하면 내가 하는 말이다. 이게 정말 대단한 일인지 훌륭한 일인지는 모르겠지만, 분명한 건 하면 할수록 더 나은 사람이 되고 싶다는 것이다. 예전에는 가격만 따졌던 세제도 이제는 바다에 들어가도 될 성분인지를 먼저 본다. 좋아하던 아보카도도 산림 파괴의 주범이란 말을 듣고 되도록 사지 않는다. 그저 '나'만 보고 살던 내가 바다와 아마존을 생각할 줄이야. 밥솥이 있어도 햇반만 먹던 사람이 나였다.

스스로 자기를 소중히 대하며 품위를 지키려는 감정, 자존감. 이렇게 사전을 찾아봐도 여전히 잘 모르겠지만, 환경을 위해 무언가를 해본다는 건 나를 사랑하는 일에 도움이 됐다. 회사 생활 중 가장 힘들었을 때는 '내가 조직에 필요 없는 사람'이란 생각이 들었을 때였다. 사람은 그 누구의 인정보다, 자신의 인정이 필요하다는 걸 그때 알았다. 쓰레기를 줄이다 보면 종종 그런 생각을 한다.

'그래도 폐만 끼치는 건 아니라 다행이야.'

여전히 지구에 빚을 지고 살아가지만, 할 수 있는 만큼이라도 해보려는 작은 노력. 이 세상에 필요한 일을 하나라도 했다는 생각이 들면, 그날 하루는 기분 좋게 잠이 든다. 반찬통을 들고 가 장을 보고, 텀블러에 커피를 받는 작은 일들. 작지만 분명 선의에서 비롯된 일이다. 착한 마음으로 무언가를 한 날은 스스로 꽤 괜찮은 사람이 된 것 같다. 물론 지금도 내가 우선인 이기적인 사람이지만, 쓰레기를 줄이는 덕분에 종종 나 아닌 모두를 생각해본다. 편한 길, 나 좋은 길, 남보다 빨리 달리는 길만 찾던 내게 온 긍정적인 변화. 쓰레기가 줄어드니 타인이 들어올 '여백'도 생긴 것이다.

어떤 미래가 올지 아무도 알 수 없지만, 현재 우리가 마주한 지표는 긍정적이지 않다. 하지만 지금 포기하기에는 너무 이르다. 많은 과학자, 전문가들은 말한다. 기후 변화 위기에 더 많은 사람이 공감하고 힘을 합한다면, 분명 변화는 올 수 있다고.

할머니가 되면 손주들과 이런 대화를 나누고 싶다.

"그때 정말 위기였는데, 우리 그때 진짜 애썼어."

"정말 큰일 나는 줄 알았는데."

맑은 공기를 즐기며 테라스에 앉아, 도란도란 과거를 추억

할 수 있길.

　이 책을 읽는 분 중 이미 실천하고 있는 분이라면, 혼자만의 노력이 아니니 함께 힘내자 토닥여주고 싶다. 시작을 망설이는 분이라면 이 책이 가벼운 첫걸음을 만들어주길. 일주일에 여러 번 배달 음식을 먹고, 매일 카페에서 테이크아웃 잔을 들고 나왔던 나도 변했다. 내가 했다면 누구든 할 수 있는 일이라 이야기하고 싶다.

　출판사를 포함한 모든 분들에게 감사 인사를 전한다. 항상 좋은 아이디어를 나눠준 SNS 친구들, 응원해준 가족들 모두 감사하다. 좋은 어른이 되고 싶게 만들어준 사랑하는 조카 두 마리에게도 고맙다. 마지막으로 책을 쓰는 동안 때로는 무조건적인 응원으로 때로는 애정이 담긴 쓴소리로 나를 잡아줬던, 이 책의 최다 등장인물인 남편에게 고마움을 전해본다.

응원하는 마음으로
허유정

도움주신 분들

정재현/서해스러움/리꼼/리다기다리다/이은진/으넨니/부산한부산댁/쏘피아/MK/꿈꾸는 미니멀라이프/남보라/봄결/송연정/나직한언덕/오수진/장작/단비맘/이초아/바오리엔/김혜원/도시연/샴푸쓰는스님/이수빈/깔끔주부/클린클린/박소영/박인영/린ㅅㅅ/단담/구니맘/mei/신/다용이/나은선/88hansun/김현진/may/오동영/위대한 효니/김현지/알맹활동가 은/알콩이네/혜련언니/미짱/메롱젤리/Pinksunny/bach1022/kitesoo/ksasopia/Geumdung/산소나무/최하나/이동영/moon/송다은/제주유초딩/박진주/마니/댕구르르/나니언니/아디타/홍한나/맛난다/아녜스/아슈케츠섬에서온복숭아

*닉네임입니다.

세상에 무해한 사람이 되고 싶어
즐겁게 시작하는 제로웨이스트 라이프

개정판 1쇄 발행 | 2025년 6월 20일

지은이 허유정
발행인 한명선

책임편집 김수경
제작총괄 박미실
디자인 모리스

주소 서울시 종로구 평창길 329(우편번호 03003)
문의전화 02-394-1037(편집) 02-394-1047(마케팅)
팩스 02-394-1029
전자우편 saeum2go@hanmail.net
블로그 blog.naver.com/saeumpub
페이스북 facebook.com/saeumbooks
인스타그램 instagram.com/saeumbooks

발행처 (주)새움출판사
출판등록 1998년 8월 28일(제10-1633호)

ⓒ 허유정, 2025
ISBN 979-11-7080-076-7 03810

이 책은 저작권법에 따라 보호받는 저작물이므로 무단전재와 무단복제를 금지하며,
이 책 내용의 전부 또는 일부를 이용하려면 반드시 저작권자와 새움출판사의
서면동의를 받아야 합니다.

- 잘못된 책은 바꾸어 드립니다.
- 책값은 뒤표지에 있습니다.

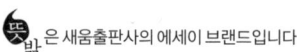